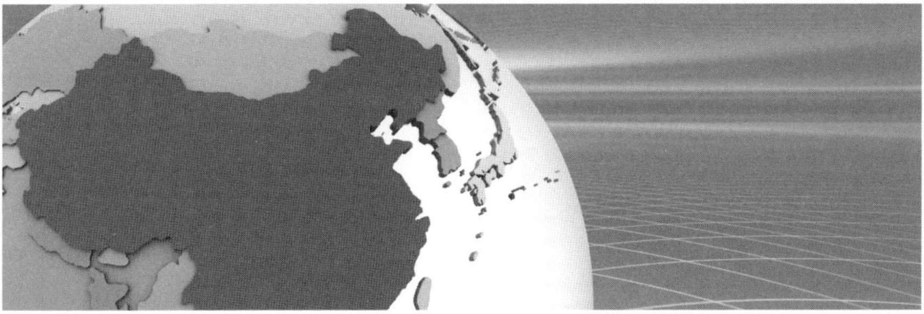

「攻め」と「守り」で成功する

中国事業の経営管理

デロイト・トウシュ・トーマツ上海事務所
原 国太郎 著

中央経済社

はじめに

中国の10年後の姿，というのを想像できるでしょうか。

筆者が，2006年の暮れに上海駐在員の募集に手を挙げたのは，中国の経済成長を予想してのことでした。しかし，実際に10年間でこれほどまでに発展し，街には綺麗なショッピングモールや瀟洒な店が並び，それなりに丁寧なサービスが受けられ（ることもあり），水道からは透明な水が出るようになり，地下鉄が十数本も走り，そこでは（ラッシュ時には）降りる人を待ってから乗るような姿を想像できていたかというと，正直なところそうでもありませんでした。

この間，中国の名目GDPは3.5兆米ドルから10.9兆米ドルに，自動車販売台数は879万台から2,459万台に，携帯電話数は5億4,000万台から13億台に，インターネット利用者は2億3,000万人から11億8,000万人に増加し，また最低賃金は420～840元から1,270～2,190元に，都市住民の1人当たり可処分所得は13,786元から31,195元に，全国の平均地価は1,751元／平方メートルから3,633元／平方メートルに上昇しています（※1）。

消費水準と内容の観点からは，別の国になったと言っても過言ではないほどです。それはつまり，企業にとってのマーケットとしても，大きく変質していることを意味します。

中国を客観的に把握するために，不可欠なキーワードのひとつは「変化」でしょう。

しかし，中国は，高度成長期を過ぎ，大きな曲がり角を迎えています。「新常態」（ニューノーマル）と称する安定成長を目指していますが，不動産バブルや不良債権などの経済運営上の懸念や，貧富の差の拡大などの様々な社会的な矛盾を抱えています。

これらの中国の問題点をクローズアップした日本の報道は多く，（「出る杭」

は打ちたくなる心情もあるものと思われますが）中国がさらに成長を続けられるはずはない，経済・社会が崩壊する，といった悲観的な論調が目につきます。また，歴史問題や領土問題に関する中国の強硬姿勢も，反感や脅威論を呼ぶに十分なものがあります。

とはいえ，ビジネスのためにはバイアスを排し，客観的に現状を認識するとともに，理性的に将来を予想することが必要です。

中国を適切に理解するための，もうひとつのキーワードは「多様性」です。

目下の経済については，よく「まだら模様」と言われます。鉄鋼や石炭などの素材系の重工業は，生産過剰で悲惨な状況に陥っています。多くの日系企業が製品・部品に関わっている自動車や携帯電話をはじめとした組立型の製造業については，輸出向けは人民元高やコスト高で撤退する企業も出てきている一方で，国内向けは製品在庫は相対的には高水準にあるものの，全般には悪くありません。また，サービス全般を含む第三次産業は，2014年に第二次産業を超え，経済全体からはより重要になっています。不動産には活気が戻ってきている一方で，バブル懸念が高まっています。

日本に「爆買い」に来るような富裕層や中産階級層が，相当な数になっている一方で，地方の農村には豊かさとは無縁の人々や，都市の底辺でも最低賃金に満たない実質待遇で働いている人々も大勢います。

中国はこれからどこへ行くのでしょうか。

名目GDPで10.9兆米ドルに達した巨大な経済ですので，成長が鈍化したと言っても，６％とすれば１年で6,600億米ドル（これはタイの年間GDPの1.6倍に相当します）の経済が毎年増えていくことになります。

そのような安定成長を続けたならば，10年後の2026年には，およそ日本の４～５倍に達し，米国と並ぶ経済体になっているものと思われます。しかも，その成長には，大きく伸びる業界と，相対的に成長しない部分とが混在しているはずです。

多くの日本企業にとって，10年前の中国は，市場としてはよく分からない，リスクの高いものであり，相対的に規模のある日本市場から比べると，失敗できる新規領域のひとつという位置付けにとどまっていたかもしれません。

しかし，現在においては，真剣に取り組むことが避けられない，主戦場になっていると言えます。しかも，対象が変化の速い「ムービングターゲット」であるだけに，現状の把握だけではなく，将来を予想した上で戦略を策定していく必要があります。

蛙を，熱湯に入れると驚いて飛び出すが，ぬるま湯から徐々に温度を上げると飛び出さずに煮え死んでしまうという話があります。地球温暖化に関する国際社会の対応の鈍さについてよく引用されますが，成長しないマーケットに甘んじることによる企業の相対的な地位の緩慢な低下，というのも，まさにこの徐々に温度が上がるぬるま湯であるように思います。企業は規模を追求していなくても，蛙と違って煮え死ぬことは無いでしょうか？　巨人となった中国企業が,「相対的に」経営に失敗してきた日本企業を買収するという例も出てきています。

しかも,（概して既存の取引関係や商慣習などの無形の障壁に守られている日本市場よりもはるかに）自由で競争の激しい市場なのです。競争の激しい場所で勝ち残った者が強いのは自然の摂理です。

製造業だけでなくサービス業についても，もし中国において然るべきマーケットシェアを確保したならば，10年後には，中国における売上の方が，日本よりも大きくなっている企業が続出するでしょう。

しかし，多くの日本企業にとって，中国は，依然として「近くて難しい市場」です。様々な面で，普通の国になってきている一方で，軽視できない独特の商慣習や特殊性があります。

マーケットを認識していても攻めあぐねている会社や，特にサービス業においてはこれまで本格的に海外事業に取り組んでこなかった会社も多いものと思います。そのような会社こそ，今まさに中国事業戦略を見直すべき時が来ています。

今どき，中国に対するロマンでバラ色の期待という経営者はあまりいないでしょうけれども，社内予算作成等の諸事情で，大した根拠も無く，中国事業に大きな成長を要求する企業は少なくありません。その一方で，中国は嫌いだから何が何でも投資しない，という頑固オヤジのような経営者もいるようですが，それもまた不合理な話です。

筆者は，グローバルな会計事務所グループの上海事務所に10年近く所属し，その立場上，様々な企業が，中国での業績を順調に伸ばしたり，黒字化に苦労していたり，撤退を検討したりするのを見聞してきました。

それらを踏まえて，日本企業が中国で事業を成功させるために，どのような「強み」を，どのように持ち込んで，どのように運営すればよいのか，また配慮すべき大きなリスクにはどのようなものがあるのか，検討すべきと考えられる事項をなるべく総合的・網羅的にまとめました。

また，それらの中国事業の経営環境がどのように変化していくかを，少々大胆に予測するとともに，日本経済・日本企業が活力を取り戻すために参考にできると思われる，中国の状況を紹介しています。

より多くの日本企業が，中長期的な視野で，客観的に中国市場に取り組む一助になれば，何よりの幸いです。

なお，中央経済社より，2010年に『事例でわかる中国子会社の部門別リスク管理』（「旧著」）を出版していただいています。旧著では，中国現地法人を運営する上での，日常の業務管理に潜むリスクや問題事例を紹介し解説するとともに，中国人についての理解や中国の習慣などについてコラムの形で記載しています。本書と合わせて，ぜひご参考ください。

2016年12月22日

原　国太郎

※１：全て2007年と2015年の数値。出典：名目GDPはIMF，都市住民の１人当たり可処分所得は国家統計局，自動車販売台数は汽車工業協会，携帯電話利用数とインターネット利用者は工業情報化部，最低賃金は人力資源社会保障局等420（2007年西安）～840元（2007年上海）から1,270（2015年青海）～2,190元（2015年上海），全国の平均地価は中国土地観測規画院。

目　次

第2章　産業の類型と中国市場で成功する企業の要件

第3章　競争力の源泉と中国市場における発揮

第6章　中国事業のリスクマネジメント

第7章　中国における不正と対応の方法論

前篇

中国事業成功のための「攻め」

第1章

中国市場と経済の状況と今後の展望

その1

男「俺の株が元値まで戻ったら，別れよう」

女「嬉しい！　それってほとんど永遠の愛の誓いよね」

その2

男「不動産価格が下がるのを待って，家を買って結婚しよう」

女「ひどいわ（泣），それって私たちには未来が無いってことよね」

中国のネット上の小話

中国の経済はこの先大丈夫なのか，というのが中国事業に関わる多くのビジネスマンの関心事でしょう。その不安は，短中期的な懸念としてバブルや不良債権，より長期的な懸念として経済成長がどの程度の持続するのか，といった要素に分解できます。

筆者の結論は，大胆に聞こえるかと思いますが，いずれについても，この先10年は大丈夫であろう，というものです。日本にいらっしゃる多くの方には，楽観的に感じられるかもしれません。筆者は，経済の専門家ではありませんが，僭越ながら，だからこそ常識的・総合的な見地から，中国駐在員や中国事業に深く関わっている方の実感に即した中国の事情をお伝えできると自負しています。まずはバイアスを排し，我々「中国通」と目線を合わせていただきたい，というのが本章の目的です。

中国市場と経済の主な不安要素について，概況と将来予測に関する根拠をご説明するとともに，中国と他の国・地域の状況とを対比し，日本経済の参考にできると思われる部分をご紹介します。

§１　中国の不動産

●バブルは弾けるか？

過大な不動産（※１）投資による在庫の積み上がり，地方都市におけるマンションやオフィスの空室率の高さは，何年も前から言われてきました。最近の，上海の住宅不動産の利回り（賃料／不動産価格）は，表面利回りで２％未満となっており，これらの観点からは，既にバブル状態であると言えます。

問題は，これがいつどのように弾けるか，または弾けずに収束させることができるか，です。

2011年に出された，第十二次五カ年計画において，１人当たり収入を毎年７％増加させる，という目標が掲げられ，これが10年続けば所得がほぼちょうど倍になることから，中国版の所得倍増計画が出た，と話題になりました。その後，2016年３月に出された，第十三次五カ年計画では，さらに明確に，「2020年のGDPと都市・農村住民の１人当たり収入を2010年の倍にする」という目標を打ち出しています。

一方で，不動産購入時の頭金の現金比率の要求，外国籍の居住者による２軒目の購入禁止，房産税（固定資産税）の導入（※２），個人住宅の売買にかかる増値税（※３）など，不動産取引を抑制する政策をいくつも出して，懸命に，特に大都市の不動産価格の無規律な上昇を抑えようとしてきています。

つまり，収入を倍増させ，その間の不動産価格の上昇を抑えることができれば，バブルを弾けさせることなく鎮静化できるというのが，当局の目論見であると考えられます。

実際，中国政府は，日本のバブル崩壊がその後の長期的な経済低迷をもたらしたことを，よく理解し研究していて，何とかして同じ轍を踏まないように努力しているように見えます。

筆者の手元に，1989年２月20日の中国の新聞記事があります。それによると，『住宅価格が１平方メートル当たり，上海で最高2,300元，北京で1,600～1,900元にも達している一方，学卒の新入社員が貯めることのできるお金が毎月約50元であり，100年頑張って働き衣食を節約してようやく家が買える』とあります。この比率は，貯めることのできる金額はちょっと曖昧ですが，ざっくりした計算で，現在とそれほど大きく変わりません。

もちろん，これまで大丈夫だったから今後も大丈夫，ということでは決してありませんが，アンバランスな状態も，そのまま長期的に続けば一種の安定であり，問題は，アンバランスが拡大して崩壊に至るかどうか，であると言えます。

ここ最近の動きとして，地方都市で2015年の年初に不動産価格が大幅に下落し，政府の支援策（２軒目購買制限の解除や頭金比率の緩和，営業税の免除要件の緩和：購入後５年→２年など）が出され，さらに2016年に入って追加の緩和策（頭金比率のさらなる緩和，契税：住宅購入時に発生する税の軽減，営業税の免除要件のさらなる緩和：２年以下の売却でも免税）が実施されると，これらの政策は，地方都市が対象であったにも関わらず，2016年に入ってから，大都市の不動産価格が高騰しました。

１月の住宅平均価格が，深センでは前年同月比52%，上海では21%も上昇し，バブル懸念が高まりました。３月には，頭金を違法に貸し付ける不動産仲介業者が多く出たとして，取り締まりが入っており，政府の想定を超えて過熱してしまったことは明らかです。

なおその後，上海で前年同月比16～25%（※４）で年初とおおよそ同水準で推移しており，落ち着きを見せています。

●バブルの功罪…過剰な投資がイノベーションの源泉となる（かもしれない）

ちなみに，バブルは「泡」であり，弾けるかしぼむ運命ですが，決して単なる幻ではありません。1999年から2000年にかけての米国は，シリコンバレー発のITバブルと上場ブームで世界を沸かせました。インターネットの発展がきっかけになったバブルですが，これによって新興IT企業に豊富な資金が提供され，ストックオプションによって豊富な資金が流れ込み，きっかけであったウェブの世界をさらに急速に展開させる原動力になりました。その力は，既存の流通経路を一部破壊し，（ITバブルが弾けた後も生き残るような）新たなビジネスモデルをいくつか生み出し，国際光ファイバーケーブル網を残し，卑近なところでは，ビジネス・カジュアルを定着させて，確かに世界を変えたのです。

日本のバブルにおいても，都心の一等地に，地上200階の超超高層ビルが建つという形で，事後的に（一部は）正当化されたかもしれません。実際，大手ゼネコンにはそのようなビルの建設計画があったらしいです。

バブルというのは過剰な投資であり，投資というのは対象の発展を期待して行われます。つまり，バブルには，良くも悪くも，社会の発展の方向性を左右する力があるのです。

不動産バブルにはあまり夢がありませんが，今後，宇宙ビジネスやロボット・ドローン，VR（バーチャルリアリティ）などにバブルが発生すると，世界を変えるようなイノベーションが起こるかもしれません。

§2　中国の不良債権

これまで細心の注意を払って調整してきた不動産価格の上昇を許す政策をと

らざるを得なくなったのは，景気失速の懸念もさることながら，それだけ不良債権が深刻だからだと言われています。

少々話がそれますが，中国の統計データが信用できるかどうか，というのは興味深いテーマです。端的には，歪む必然性が無い情報はおおよそ正しい一方で，歪むべき理由がある情報は信用できない，というのが実態かと思われます。情報が規制されたり操作されたりするのは，ほとんどの場合，政策に関連しており，例えば，社会不安を招きかねない情報，政府の政策を正面から批判する情報については規制されますし，何らかの政策の達成状況の指標となるようなデータについては，水増しなどされている可能性があります。

不良債権の額は，そうした規制された情報のひとつであり，つまり社会不安を招きかねないほどの規模になっていると推測せざるを得ません。

不良債権には，企業の債務と地方政府の債務があり，企業については近年，鉄鋼，非鉄金属，石炭，石油，建材等の国有企業の業績が大幅に悪化していることが背景となっています。

これに関連して，シャドーバンキングとは，端的には，実質的には企業等への貸し付けを，あたかも金融機関同士の貸し付けのように契約関係を組むことを言います。従って金融機関内部の資産の評価が，実際のデフォルトリスクを反映しなくなり，これも中国全体の不良債権の状況を見えなくしている原因になっています。

中国では，年利換算で３％～10％もの利回りの「理財商品」が流行っており，銀行や郵便局で気軽に購入することはもちろんのこと，スマートフォンでの決済サービスを提供している大手では，0.01元～１元から随時購入・売却でき，学生から老人まで，手を染めてない人はいないと言われる程です。これらの理財商品の背後にあるのは，ほとんどは複数の債権で，デフォルトによって，予定利回りを大幅に下回るような状況も出てきています。発行銀行が損失を補填した例もあり，本来リスクを伴うはずの金融商品では異常な対応でしたが，それは一歩間違うと金融不安につながりかねない事情を考慮したものと見られています。

●不良債権…真実は闇の中というより景気次第

地方政府の債務は，中国社会科学院の報告で，30兆元（2014年末）にのぼっています。これについて，償還期限を迎えている10兆元強のほとんどが，土地を担保に借り換えが進められていると言われ，不動産価格がカギとなっています。つまり，地方政府の債務不履行から始まる金融不安を避けるために，不動産価格を高値誘導している，という見方があります。

不良債権が全体でいくらあるのかというのは，実はそもそも正解の無い問いであり，景気が落ち込めば激増するし，逆に何とかもたせることができれば，多くの潜在的な債務が不良化せずに済むというのが本当のところです。

しかし，不動産価格を上昇させて，景気失速を防ぐのは劇薬です。これまでに増して，薄氷の上を歩くようなかじ取りを迫られることになるでしょう。

中国の不動産バブルと不良債権について，少々大胆に今後の展開を予測してみます。

冒頭の小話にあるように，不動産は値上がりしていますが，株は低調であり，景気も良いとは言えません。株式市場が下落するのは，バブルが大きく膨らまないという観点からは，決して悪いことばかりではありません。

従って，不動産だけがバブルになり，ここ５年以内に弾けるような場合には，傷は浅いのではないかと思います。政府当局も，景気の動向を見ながら，できる限り不動産価格の上昇を抑える政策を継続するものと考えられます。

逆に，もし今後十年以上にわたって，不動産が高騰を続け，株価も大いに上がり，（それこそ日本の1980年代後半のように）全てが絶好調に見える好景気が続いたとしたら，それは巨大なバブルであり，それが弾けた後は，大変なことになると思います。

不良債権について，まず企業に関しては，特に競争力の無い国有企業が淘汰・再編[※5]されていくのは必然の流れであり，景気が許す限り，そのような改革を進めていくべきだと言えるでしょう[※6]。しかしここでは，企業向けの不良債権と言っても，金額的にはそのほとんどが国有企業のものであり，つまり中国においては，政府の借金であることに注目したいと思います。

地方政府の債務も，もちろん政府の借金です。

これらの多額の債務を，仮に全て，中央政府が国債という形で肩代わりしたとしましょう。(中国のことですから，不可能とは言い切れません)。

そうすると，日本の状況に驚くほど似ているのです。

日本の国債は2014年末に，普通国債750兆円に，財投債・国庫短期証券・地方債を合計して1,121兆円です。これは，対GDP比で230%にものぼり[※7]，主要な先進国の中でもダントツの巨額になっている上に，さらに毎年約45兆円も増え続けています。

中国の国債は2014年末で10兆元（財務省公表，約160兆円)，これに地方政府の債務30兆元（約480兆円)，さらに企業の債務90兆元[※8]を全て足して130兆元（約2,080兆円）で，GDPの200%となります。しかし実際には，企業の債務全てを加算するのは乱暴に過ぎるでしょう。

政府の債務という観点からは，実際のところ日本経済の方が，中国よりもはるかに危険な綱渡りを続けていると言えます。これについても，中国は日本の状況を大いに参考にできる立場にあり，また実際に，注意深く観察しているものと思われます。

●日本の巨額国債が意味するもの…低～マイナス成長をもたらす仕組みのひとつ

ちなみに，これだけ巨額になった日本の国債が破たんしていないのは，ひとつの「謎」と言われるほどです。投資銀行に勤務する筆者の友人が，いつか破たんする，問題はそれがいつかだけだ，と言ったのがもう５年前になります。

未だに破たんしていないのは，低金利が続いているからであり，(金利が上昇すると借換債の利払いの増加だけで財政が破たんします），その一方で，日本の国債がデフォルトを起こすことは無いだろうという，つまり日本経済に対する内外の信認が，まがりなりにも崩れていないからでもあります。（200％を超えてしまえば，300％も400％もあまり変わらないようにも思えてくる，ということでしょうか。ここにも，長期的に続くアンバランスは一種の安定，という構図が見られます。）

これまで考えられてきた，日本の巨額国債の解消シナリオのひとつは，ハイパーインフレが発生し，国債の価値が激減する，つまり破たんであり，もうひとつは，緩やかなインフレによって，国債の実質金額を目減りさせる，というものでした。インフレによって国債が減るのと同時に，国民の資産価値も減少する点は同じですが，急激に起こってしまうと，生活苦，企業経営の困難，失業率の急上昇などを引き起こし，国民経済は大混乱に陥ります。従って，コントロールしながら緩やかに進めることが重要で，2013年に日銀が導入した２％のインフレ目標には，国債問題対策の意味もあるわけです。

ところが，2016年２月に，日銀がマイナス金利の導入に踏み切り，それを受けて，国債の８割がマイナス金利となりました。従来の経済学では，マイナス金利というのは有り得ない，ということになっていたため，これが意味するところは何か，というのが議論になっています。

国債というのは，（将来からの借金ではなく），返済するのもされるのも未来の国民です。（米国のような基軸通貨国は，海外に国債を買ってもらい，その後ドル安誘導すると，海外の富を吸収できる効果があると言われていますが，ここでは考えないことにします）。

税金で償還するのが本来の姿ですが，これだけ巨額の国債を償還できる収税・増税というのは，考えるだけで恐ろしくなります。インフレによる国民資産の減少というのも悪影響が伴います。

国債のマイナス金利が続けば，国債が減少していくはずで，これもひとつの返済・解消の形なのかもしれませんが，この方式には，どのような経済・金融への副作用が出るでしょうか。その筆頭は，マイナス金利が続く状況というのは，経済規模が縮小していくという将来（への期待）を意味していることです。

しかし，それを言うならば，そもそも低金利を続ける他ないほどの巨額の国債を発行してしまった時点で既に，低経済成長しかできない状況に追い込まれているとも言えます。マクロ経済（財政政策）の用語で言えば，GDPの基礎となる有効需要は，民間支出（投資・消費），政府支出，純輸出の和で，新規国債の発行ができない状況では，政府支出を増やすことができず，GDPの伸びが抑制されます。

金融政策の観点からも，中央銀行の金利が市場心理に影響を与えます。特に，人口が減少に転じた日本においては，経済のマイナス成長というのは自然な予想であり，それに改めて気づかせた，という点で，今回のマイナス金利の衝撃が大きかったのだと思われます。

§3　中国の株式市場

中国の株式市場は，昨年（2015年）の6月～9月に暴落が起き，また今年（2016年）の1月4日に，その日に導入されたばかりのサーキットブレーカーが発動し，数日後の7日にも発動して運用停止になり，世界同時株安の引き金を引いたと言われました。

この背景には，全般的な景気減速と人民元安もさることながら，2015年の7月8日に，当局が（景気への悪影響を懸念して）何とか暴落に歯止めをかけようと，大手企業や金融機関に半年間株を売らないようにと要請したのが，半年経って期限切れになり，一斉に売りが出たからだと言われています。この売却停止の要請にせよ，サーキットブレーカーにせよ，なんとも原始的な株価維持策を展開したものだと，世間の失笑を買っています。

中国の株式市場には，他の国には見られない規制が導入されています。そもそも上海・深センの証券取引所に上場するには，政府機関（証券監督管理委員会）の承認が必要です。当局が，株式市場が軟調であると判断すると，新規上場が停止され，数か月から１年以上も１社も上場されない期間が続くことがあります（※9）。

また，A株は，外国籍の個人は買えず，取引できる外国証券会社も登録制で，かつ購入すると３年以内は売却できないという規制があります。B株は自由に売買できますが，そもそも101社しかなく，上海・深センの上場企業全体2884社（いずれも2016年７月現在）のごく一部です。

なお，2012年９月に設立された，通称「新三板」(NEEQ：全国中小企業株式譲渡システム)（※10）は当初，北京は中関村のハイテク企業を対象としていましたが，2013年に全国に業種を問わず開放され，また，NEEQが審査し証券業協会に登記するだけで公開できる（株主が200人を超えている場合は証監会の許可が必要）ため，2014年から公開企業数が爆発的に増加し，2013年末にはわずか356社であったのが，2014年末には1,572社に達し，2015年末には5,129社にのぼっています。

●当局のコントロールの巧拙が問題

中国は，共産党独裁によって，他の国・地域では見られないような独特の規制を多く行い，例えば不動産価格の調整などでは一定の成果を上げていると言えます。

もしも，日本のバブルにおいても，政府がより早い段階で危険性を認識し，土地の値上がりを抑制する政策を出していたら，その後の日本経済がこれほど長期にわたって停滞することは無かったかもしれません。

その一方で，中国の金融・資本市場については，巨大に発展してしまい，かつ本来的にマーケットの期待を無視した強権的な政策が適さない面があるため，当局がコントロールしかねている，という状況が見られます。

しかし，アジア通貨危機のひとつ教訓は，グローバルの膨大な投機資金が，中小規模の国・地域に急激に流入・流出すると，その国・地域の経済に破壊的な影響を及ぼす，というものです。

中国の当局が，外貨規制を行い，証券市場・不動産市場への外資の資金流入を警戒し統制してきたのは，(既に綱渡りを続けてきているだけに) むしろ必然的な政策でした。しかし，これだけの経済大国になった今は，自由化によるメリットがより大きくなってきている局面であると言えます。

現代の経済運営に，規制や調整は不可欠であり，その巧拙だけが問題，つまりうまく運営しなければならない，ということに尽きます。

経済は，様々な要素が絡み合って構成されている「複雑系」である，という観点から，人体に例えられます。それぞれの経済政策は，薬のように，特定の効果をもたらすとともに，副作用を引き起こします。

グローバル経済そのものも，FTA（自由貿易協定）などによりますます一体化が進み，インターネットなどの技術によってますます「小さく」なり，中国に代表される発展途上国の経済発展により，大きな潜在性を残したフロンティアが無くなってきています。そうした中での，英国のEU脱退は，世界の流れが一方向とは限らないこと，先行きが読めないことを知らしめる出来事でした。

このような，不断の体質変化と不透明性の中で，なるべく安定した経済成長を続けていくというのは，中国に限らない世界共通の課題であり，これまでの常識にとらわれない，より巧みな政策（新薬）を開発し続けていく必要があるのだと思われます。

§4　マーケットとしての中国

図表1は，日中の各所得レベルにおける所得総額が面積になるようにグラフにしたものです。これを見ると，中国の貧富の差がいかに大きいか，また逆に日本がいかに中所得層に集中しているかを見て取ることができます。

なお，中国の高所得者層の所得については，(ただでさえ統計の形式上，都市・農村それぞれ上位20％が一括りになっていて粗い上に）正確に統計されているのか，率直なところいささか疑問です。様々な高級品で，中国は世界最大のマーケットになっています（※11）。

図表１　日中の所得分布

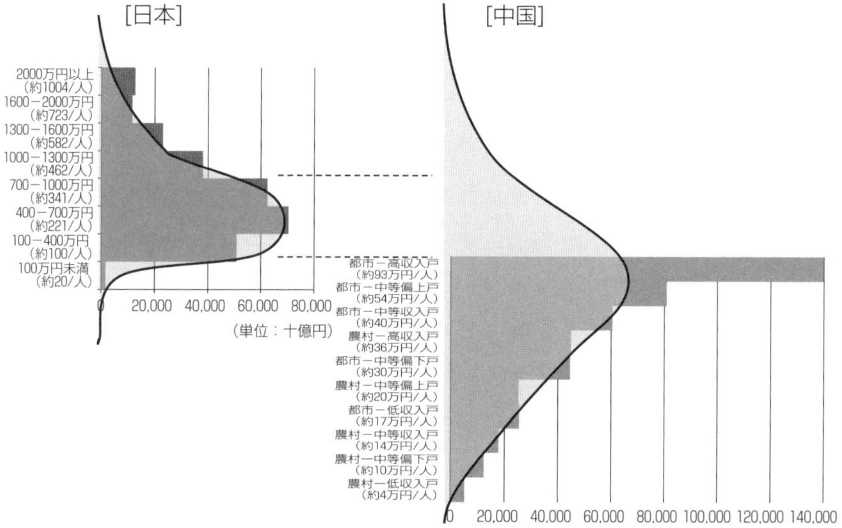

（出典：中国は国家統計局のデータ（2014年），日本は厚生労働省の「平成27年国民生活基礎調査」のデータ（2014年）より筆者作成。）

※為替レートは，2016年９月30日時点の１人民元：15.15日本円で換算。棒グラフについて，日本のデータは各レンジの中央の所得を当該レンジの平均とし，100万円未満は50万円を，1,900万円以上は2,500万円を平均として概算。山型グラフは，棒グラフに基づいて，実際の所得分布をイメージしたもの。中国のデータは，都市・農村それぞれの個人可処分所得を20％ずつに区切った平均所得であるため必然的に高所得層の総収入が突出する。日本のデータは，所得レンジに対する世帯比率であるため，個人可処分所得である中国との比較のため，参考までに括弧内に各レンジを全世帯の平均人数（2.49人）で割った数字を示した。

マーケットとして理解し，価格と需要のバランスを考える上で重要なポイントは，特定の所得レベルに限った人口の層はそれほど厚くなく，かつ広い中国全体に分散している，ということです。GDPで日本の2.6倍といっても，日本と同じ所得水準の人口が2.6倍あるわけでは決して無いのです。（グラフからも，

700万円〜1,300万円の所得レンジの世帯は，まだ日本の方が中国より多いであろうことが見て取れます)。

もちろん，業界や製品によって，例えば携帯電話のように，無理してでも1人1台買うようなものもあれば，粉ミルク・おむつなどのように乳幼児の安全を重視して，多少高くても外資製品が好まれる場合もあり，一概に所得水準だけでマーケットの大小を判断することはできません。

また特に中国で急速に発展した，ネット販売により，地理的な分散は，障害とならないという局面もあります。

もう一点重要なのは，このグラフは今後も変化を続けるだろうということです。年間7％の所得増加が順調に続いたと仮定した場合には，10年後には，**図表2**のようなグラフになると想定されます。(この図はあくまでイメージですが，7％の増加が10年続くと倍になるため，所得増額すなわち面積が倍になるという想定そのものは，不自然ではありません)。マーケットとして，さほど遠くない将来に，このような規模になっている可能性が高いことは，よく考慮する必要があります。

図表2　10年後の日中の所得分布イメージ

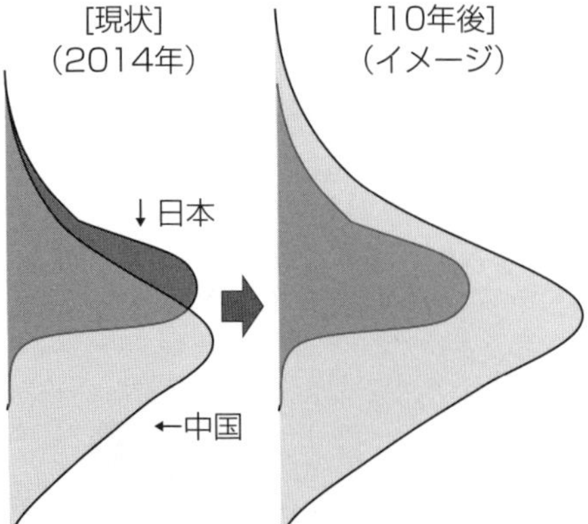

(出典：筆者作成)

●中国は中所得国の罠に陥るか

一方で，順調に中国の平均所得が伸びるかどうかも，予断を許さないところです。

中国経済が中期的に直面しているひとつの大きな課題は，「中所得国の罠」です。中所得国（中進国）の罠とは，経済成長がある程度の段階（１人当たりGDPで３千～１万米ドル）に達すると，経済成長が停滞する現象を指します。

これをひとつのジンクスとしてとらえた場合には，ブラジルやアルゼンチンなど，経済の停滞とともに，金融や社会が混乱した例があり，中国においても懸念されています。実際，心配の種には事欠かないのが中国の現状です。

しかし，純粋に経済的な現象としては，安い人件費で労働集約型の産業を誘致することによって，ある程度の経済成長を達成した場合には，労働者の賃金の上昇により労働集約型の産業が海外に流出する，また天然資源や農産物の輸出というのも，発展途上国の典型的な産業ですが，生産・輸出量を一定以上に増加させるのは困難となる，といった明確な要因があります。

従って，中所得国の罠を脱するためのカギは，端的には産業の高度化を実現すること，すなわち高付加価値産業を育成することによって「生産性を高める」ことであるとされています。東アジアにおいては，韓国・台湾が，半導体・電機・ITなどの産業の育成・発展により，高所得を達成しています。

中国は，通信設備や電機など，先進国の企業と対等に競争している中国企業もあり，また中国で生産している外資企業も含めて，相当に高度化されている部分もあります。アパレル等の純粋労働集約型産業の海外移転は既に一巡しており，国内に残っているのは，何らかのより付加価値のある製品の生産拠点です。また，特に華南における組立型の産業は，部品・材料の調達に圧倒的に便利であるため，移転することが合理的でなく，工程の自動化設備の導入によって人件費の上昇に対応しており，そのため設備をメンテナンスできるエンジニアの賃金が急騰している状況が見られます。

これらは，それぞれ，生産性向上の要因と言われる，「研究開発」「低付加価値部門から高付加価値部門へのシフト」「投資による生産設備の蓄積」「人的資源の質の向上」に当たります。

つまり，中国には，既に相当な程度に高所得国化している部分もある一方で，中所得～低所得国に相当する部分も少なからず残されている，というのが実態です。中国の所得格差が大きいというのは，単なる所得配分の不均衡ということではなしに，異なる発展段階の地域・産業が混在していることの表れであると見るべきなのです。

しかし，別の角度から言えば，これだけ巨大な人口の全体を，一部の地域・産業だけで支えて高所得化することは到底できない，とも言えます。発展途上国的な部分（西部地域・農村部など）が取り残され，全体としての平均値が，そこまで高くならない可能性は，やはり残されていると言うべきでしょう。

ここで注目したいのが，中国の都市化率の推移です。

図表３　中国の都市化率の推移

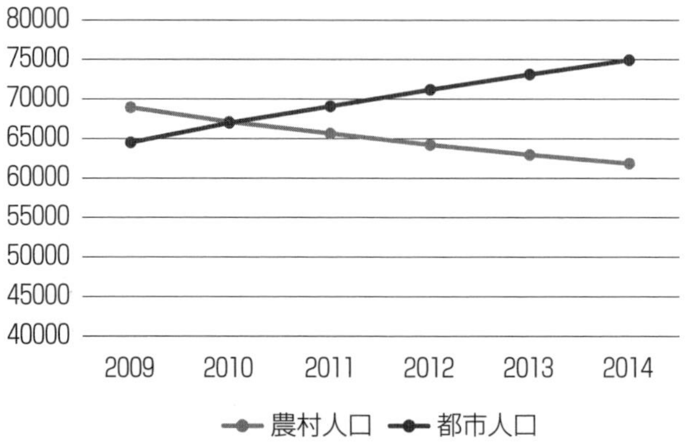

(出典：中国国家統計局（単位：万人)。)
※都市人口には，農村戸籍で都市に常住している人口を含む。

都市化率と経済発展の水準には，強い相関関係があると言われます。それが，中国においては，2007年の45.9％から2014年の54.8％に，７年間で約９％も上昇しています（**図表3**）。

また，都市化率と第三次産業の比率にも，関連性があります。2014年の統計で，GDPに占める第三次産業の比率が48.1%となり，第二次産業の47.1%をはじめて超過しました。経済全体から見れば，サービス業の方が，製造業よりも重要になっているのです。

大都市により多くの人が住み，そこでは日常から高級まで幅広い外食需要を満たす飲食店があり，ショッピングができる百貨店や専門店が並び，各種の娯楽が提供され享受される，という風にイメージすると，都市化率と第三次産業比率の関連は感覚的に理解できます。また，そこにいる人々が様々なサービスを消費し，また提供することによって所得を得るその水準が，先進国レベルに達するということについても，違和感が無いのではないでしょうか。

どれが原因でどれが結果かというのは，鶏が先か卵が先か，という設問に似ています。

経済成長によって，所得が増え，これまで買えなかったモノ（車・携帯・エアコンなど）が買えるようになり，大きな需要が生まれて高度経済成長に入り，豊かになった人々は各種のサービス（外食・旅行・娯楽など）を求め，それが提供される，という一連の経済発展の好循環に入れるかどうか，という問題です。

好循環に入るための最も重要なポイントは，生産と消費が，その国・地域の中で行われるかどうか，だと思われます。増えた所得を，全て海外のモノの輸入に使ってしまっては，そこで成長が止まります。労働集約型の製品や天然資源・農産物を輸出するだけでは，国内での消費が喚起されません。

中国が，これまで（今でも），「がめつく」国内生産と技術移転を推進してきたのは，経済成長のためには，合理的な手法でした。経済発展の前半の，モノの段階では，海外から流入・海外に流出しやすく，国際価格の影響を受けやすいため，好循環を発生させ継続させるためには，規制や支援が必要となります(※12)。

モノの段階を通り抜けて，サービスの発展の段階に入ると，その場で提供され費消されるような，輸出入できない形態が多くなり，その部分については自己充足的で，その発展はより自律的になると言えます。感覚的に言えば，都会であることが人を呼び，そこにニーズが生まれ，より多くの提供者が競争する中で洗練され，さらに都会度が増す，という好循環です。（実際，上海にはおいしいラーメン屋が，ほとんどが中国人に好まれる豚骨スープですが，本当に増えました。）

生産性という観点からは，サービスは，一般に製造業ほど向上の余地が無い，と言われますが，それでも，人件費が上昇すれば，自動化される部分もあります。（「投資による生産設備の蓄積」）。農村部から都市部への人口移動そのものが「低付加価値部門から高付加価値部門へのシフト」であり，競争によってより洗練された（値段の高い）サービスが提供されるのは「研究開発」や「人的資源の質の向上」に当たるでしょう。

少々余談ですが，先進国の大都市は，地価の高い中心地はビジネス街・商業街で，郊外に住宅地という都市構成になっており，東京圏においては，マンションに住めば通勤に片道１時間～１時間半，一戸建てを買えば２時間前後かかるのが普通です。

しかし，上海では，多くの人が，通勤に１時間かかるのは苦痛と感じ，オフィス移転などで通勤時間が長くなると，それだけで転職してしまう人もいるほどです。それは，市内の主な箇所のほとんどに，オフィスビルと商業施設とマンションが混在していることと関連していると思われます。

他の国であれば，地価が上昇するにつれて，自然に郊外に住宅地がシフトしていくところで，中国の大都市でもそのような変化が起きているものの，所得の格差が大きいため，中心地に住み続けることのできる人が相対的に多いのだと考えられます。

また，ほとんどの日本人が聞いたことのないような，中国の三級・四級都市を訪れても，一昔前とは全く異なり，それなりの「都会」になっているのに驚かされます。中国の都市化は，決して上海・北京だけで起きているわけではありません。

下の写真は，江西省の省都で「南昌」という二級都市ですが，ご存じでしょうか。

写真1　南昌

(出典：筆者撮影)

ちなみに，中国の地方の国有企業が，本拠地を省都に移す動きがあるようです。しかし，北京・上海に本社機能を移転する企業は少ないでしょう。米国で言えば，シアトルやダラスのような，最大級ではない都市にもそれぞれに有力企業があるのと似ています。

日本では，地方の地盤低下が言われていますが，端的には国土が小さく，交通網が発達したため，どうしても東京に一極集中することがより合理的である場合が多くなってしまうのだと考えられます。

中国の都市化率の上昇が進んでいる間は，好循環が回っているということであり，安定成長は続くと見てよいでしょう。その間，経済的な要因だけで，中国全体が「中所得国の罠」に陥る恐れはまず無いと考えられます。

中国の１人当たりGDPは，名目ベースでは7,989米ドル（2015年）ですが，購買力平価（PPP）を加味した実質ベースでは，14,107米ドルです。（日本は38,054米ドル，米国は55,805米ドル）。相当保守的に見積もっても，この水準までは上昇すると考えるべきしょう。IMFの世界経済見通しでも，中国の１人当たりGDPが，2021年には12,542米ドルになると予測しています（**図表４**）。

さらにその先，10年大きな金融・社会の混乱が無いとすると，2026年には，中国の名目GDPが24兆米ドル，１人当たりGDPが16,000～17,000米ドルに達すると想定するのは，決して無理な予測ではありません。その経済規模は，米国と並び，日本の約４～５倍にも及ぶものになります（※13）。

図表４　日米中 経済成長の予測

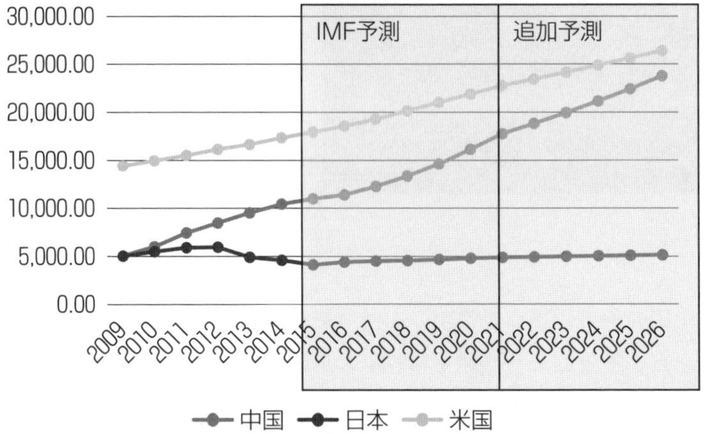

（出典：2015年まではIMFの公表値，2016年～2021年はIMFの予測値，2022年～2026年は筆者にて追加。）

§５　日本経済と日本企業

中国の第十三次五カ年計画が，2015年10月にドラフト版，2016年３月には正式版が公表され，曲がり角を迎えた経済大国の今後の方針として，世界の注目を集めています。

原文を流し読みしましたが，率直に言って立派なものです。ここでは詳細には言及しませんが，中国が直面している主要な課題が網羅され，また，経済社会の発展を持続させるための理論的な要点（イノベーション・都市化の促進など）が抑えられており，それも（共産主義的なスローガンは散りばめられてはいるものの）空虚な理想論にならないよう，客観的（中国語風には科学的）な表現を使うように気を配っているのが見て取れます。冒頭で，前五カ年計画期間の，主要な数値目標とその達成度を掲示しているのも，評価できます。

日本も，内閣府より「経済財政運営と改革の基本方針」（通称「骨太の方針」）が出されており，これにもいろいろと素晴らしいことが書かれています。しかし，毎年度作成されているためか，目先の経済運営の比重が高めで，実行性と迫力に欠ける印象があります。

当面は，依然として様々な面で先進諸国を目標とすればよい中国に比べると，日本が直面している経済・社会問題には，前例の無いものが多くあります。であればこそ，今後の日本がどのような国になるべきか，という中長期的なグランドピクチャを，しっかりとした研究を踏まえて策定すべきであると思われます。

人口が減少に向かい，消費も収入も増えず，将来有望な産業が無く，投資が行われず，金利も景気も低迷する日本。何が原因で何が結果かはさておき，要するにマイナスのスパイラル，「悪循環」に陥っていると言えます。

金融政策の原理でも，本来は金利が低くなれば，民間投資が増えるべきところです。それが増えないのが一番の問題であり，それは，今の日本に今後の成長が期待できるような産業・投資先がいかに少ないか，ということを示しています。

マクロ経済の観点からは，総需要（民間消費・投資＋政府支出＋純輸出）が委縮し，完全雇用・完全操業を想定した潜在実質GDPと，実際のGDPの間に大きなデフレギャップ生じている状態，と表現されます。

経済発展理論の観点からは，生産性の上昇要因となる，「研究開発」「低付加価値部門から高付加価値部門へのシフト」「投資による生産設備の蓄積」「人的資源の質の向上」が，伸びていない状況です。

実は，同じような状況に陥っている先進国は他にもあります。ヨーロッパ経済の代表格，ドイツは人口が減少に転じており，また2014年に欧州中央銀行がマイナス金利を導入したことから，ドイツ，フランス，オランダ，スイスなどの国債の利回りがマイナスとなりました。ヨーロッパ経済全体も低迷が続いています。

このような状態は，経済発展の最終段階なのでしょうか。ライフサイクル，栄枯盛衰といった概念からは，自然なことのようにも思えます。

しかし，企業や国家には，自然の寿命はありません。人間であっても，健康に気を遣えば長生きできるように，企業が適切な戦略によって長く発展を続けられるように，国・地域の経済についても，適切な手法を導入することによって，活力を取り戻すことができるはずです。

マクロ経済学の基礎となったケインズの理論により，不況時に政府の財政支出によって総需要を増やすことの有効性が，大恐慌後の米国で，またその後も先進工業諸国で実証されてきた一方で，現状の日本のように，経済停滞に陥った国では，有効ではないとされています。

「嫌がる馬に，水を飲ませることはできない」という表現があります。喉が渇いてぐったりした馬であれば，水を飲ませれば元気になるでしょう。しかし，虚弱体質に陥ってしまった馬には，別の療法が必要です。

政府支出が，直近の需要を有効に増やすばかりでなく，（それこそニューディール政策におけるフーバーダムのような）その時代の産業が必要としているインフラを整備するようなものであればさらに効果が高く，逆に，民間の中長期的な活力に貢献できない投資は，その年度のGDPを水増しして国債を増やすだけに終わる，と言えます。（日本の国債は，残念ながらまさにそのようにして1998年以降急増してきたと考えざるを得ません）。

●日本が活力を取り戻すためには

堂々たる先進国で，決して低くない経済成長を続けている国といえば，米国です。

なぜでしょうか。ひとつには，人口の増加が続いており，主要な先進国の中で最も高い増加率（2015年→2016年で0.85%）であることを理由のひとつとして挙げてよいと思います。

また，米国の産業・企業も好調です。2015年10月にUS Todayが公表した純利益ランキングでは，10社中６社が米国企業，２社が中国企業，日本と韓国が各１社となっています。名だたる企業では，アップル，マイクロソフト，グーグルなどが，電子機器やアプリケーション，世界標準のソフトウエアでマーケットをリードしています。

要するに，「人と企業が元気」なのです。

これを経済用語を用いて表現すれば，１人当たりGDPを一定に保てるのであれば，人口が増えるだけで経済成長が持続する，逆に人口が一定であるなら，生産性を向上し続けることで経済成長が持続する，という単純な公式です。

日本の人口については第５章で検討します。

生産性が高まるというのは，端的には，技術革新・イノベーションによって，より多くの人が，より付加価値の高い仕事をする，ということです。

福沢諭吉が「天は人の上に人を造らず，人の下に人を造らず（中略）賢人と愚人との別は，学ぶと学ばざるとによって出来るものなり」と説いて，世の役に立つものを学べ，と呼びかけたのは，現在にも通用する真理です。いつの時代においても，より競争力のある知識・技術を身に着けるように努力し続ける必要があるのです。

また，日本企業は，自社より優れているものがあれば，謙虚に学び追いつくとともに，最先端に来たら，たゆまずさらに優れたものを開発する，という貪欲さを忘れてしまったように思えます。

例えば，iPhoneやiPadは，技術的には日本企業にもつくれなかったはずはないと言われます。そういうコンセプト・デザインでリスクをとって開発して世に問う企業が，経営者が，開発者が出なかっただけです。一方で，臆面もなくマネをした韓国のサムソンは（別にGalaxyだけで儲けているわけでは決してないでしょうけれども）好調です。

また，人と企業をサポートすべき日本の政策についても，経済発展の理論で有効とされている手法をひとつひとつ地道に実践していく，という実直さが（例えば中国に比して）足りないように思えます。

ソフト化した経済に適合した政策というのは，（国債を発行してインフラ投資をするというようなものではなく），賢くきめ細かく，規制を緩和し，刺激や機会を提供することによって，競争力のある産業を支援し，優秀な人材を育成・確保し，より魅力的な製品やサービスが開発されるよう研究開発・イノベーションを促進する，というようなものでしょう。

これらの面では，やはりまだまだ米国に学ぶべきところが多くあると思われます。

産業としては，生産性の向上に直結する，次世代型ロボットやドローン，人工知能やバーチャルリアリティについて，行政は真剣に振興すべきであり，企業にもチャレンジして欲しいものです。

また，ここで（本書のテーマに立ち戻って）考えていただきたいのは，なんだかんだ言って，活気に満ちた巨大な経済体，中国がすぐ隣にあるではないか，ということです。その成長を利用し，取り込むことで，日本経済・日本企業の活力の源のひとつとすることは十分に可能だと思います。

中国人の「爆買い」が流行語になりましたが（人民元安で直近は少し下火ですが），実はパスポートを保持している中国人は，まだ1億人前後（※14）しかいないのです。近い将来，3～4億人に増えることは確実です。また，裕福な中国人では，年に必ず1～2度日本を訪れる人が少なくありません。彼らにとって，日本そのものが，人気の巨大テーマパークみたいなものなのです。中国人向けの「観光」は，大変に有望な産業であり，かつ親善促進という素晴らしいオマケつき，となれば官民で真剣に取り組まない道理はありません。

また，人民元と中国の人件費がかなり上昇した現在，中国の最低賃金に社会保険料等を加味した企業の実質負担よりも，日本の期間工の実質コストの方が安いと言われており，多くの製造業で，改めて日本で生産を行うことに合理性のある局面が増えてきています。経済発展の基礎に立ち戻り，そのような流れを推進することで，純輸出を増加させることは，決しておかしな目標ではありません。中国とのFTA（自由貿易協定）も，この文脈で検討すべき課題でしょう。

また，多くの日本企業にとって，マーケットとしての中国は，大きなポテンシャルがあります。であれば，金利の低い日本で資金を調達し，中国で投資することで，より多くのリターン（配当）を期待できます。中国事業の展開に伴い，中国への商品・製品・部品の輸出も増えますし，日本本社における，調達・マーケティング・研究開発などにもスケールメリットが生まれます。

要するに，中国事業を成功させることで，日本企業が元気になることが，何よりの日本経済への貢献になるのです。

そのような企業が増えれば，日本経済の「悪循環」が「好循環」に変わるための，活力剤として作用するかもしれません。

【注】

※１：中国では定義上，土地は全て国有であり，売買されるのは，「土地使用権」です。会計上は無形資産ですが，しかし現物は動かせないのも確かなので，建物等と併せて不動産と呼んでいます。土地使用権には，当然ながら期限があり，住宅地であれば通常70年となっています。2009年頃に，とある同僚が家を買って「今月は給料よりも家の値上がり額の方が多かった」とホクホクしているので，筆者が「使用期限が切れたらどうなるの？」と聞いたら，逆に「そんな何十年も先のこと心配してどうすんの？」と聞き返されました。といっても，考えていないということではなくて，期限が来たら一定の手数料を政府に払って更新できるようになる，と世間一般では想定されているそうです。（もしも，政府が更新せずに回収でもしようものなら，大変な騒ぎになるでしょう。）

※２：上海と重慶での試行段階，上海では不動産価格の70％の0.6％／年，条件により減免。（ちなみに，この70％というのは，日本の「路線価」を参考にしていると思われます。）

※３：２年（北京・上海・広州・深センでは５年）以内の個人の売却で増値税率５％，それ以降は免税。事業者の販売は11％。2016年４月30日以前は営業税で税率はやはり５％。

※４：2016年７月時点の不動産仲介業者数社の公表値より。

※５：実質的に業績回復・再建の見込みが無いが，債権者や政府のサポートにより倒産しない企業を「僵屍（キョンシー）企業」と呼びます。キョンシーとは，昔の香港のコメディーホラー映画によく出ていた，額にお札をつけて両手を伸ばしたあれです。日本の報道では「ゾンビ企業」と訳されることが多いですが，「キョンシー」はもう古くて知らない人が多いからでしょうか。

※６：「サプライサイド改革」への取り組みがうたわれており，狭義には特に素材系産業の過剰生産能力の解消を図る，ということですが，より広義には米国のレーガノミクスのような経済運営を志向している，という説があります。

※７：財務省の公表値。なお，OECD Economic Outlook 96（2014年11月）によると，他の主要先進国は米国109.7％，英国95.9％，ドイツ79％，フランス114.1％，イタリア146.9％，カナダ93.9％。

※8：中国社会科学院の学部委員，余永定氏の2015年1月の談話より。

※9：1994年7月に最初の新規上場停止があり，2016年5月までに計9回。最短で3ヶ月，最長で15ヶ月。

※10：「新三板」というのは，いわゆる英語で言うメインボードを「一板」，セカンダリーボード（ナスダックなどの高成長企業向け市場）を「二板」と中国語で呼び，さらにそれよりも規模の小さい新興企業向け市場ということで「三板」，それを2012年にリニューアルしたもの，ということでついた中国における通称です。相対取引とマーケットメイクが混在していること，証券業協会が管理していることなど，イメージ的には以前の日本の店頭市場に近いですが，証監会の監督下にある全国レベルの取引所です。ちなみに，上海・深センの上場企業で，いわゆる四大会計監査法人が監査をしているのは，わずか15％未満に過ぎず，新三板に至ってはほとんど無く，財務報告の信頼性が高いとは言えないのが現状です。

※11：中国の財富品質研究院公表の「中国奢侈品報告2015年」によると，世界の奢侈品の46%は中国人が買っている，とのことです。

※12：理論的には，地域をFTAによってひとつの経済体とし，その発展を目指すというのも，ひとつの手法としては考えられます。しかし，地域内に大きなばらつきが出ることは想定しておく必要があります。（まさに中国において，沿海部と内陸部で大きな経済格差が発生しているようにです）。また，地域共同体において，経済発展の初期段階で必要となるような，規制や支援を適時・適切に行うのは，相当に強固な政治的団結が必要となるでしょう。

※13：IMFの世界経済見通し（2016年7月時点）に，2021年までの予測があります。それ以降は，単純に中国は6％，米国は3％，日本は1％の経済成長，中国の人口増加率が0.5%と仮定しました。

※14：パスポートを保持する中国人の数について，信頼できる統計が公表されておらず，2012年時点で3,800万人という報道（法制日報）があることから，そこから2016年7月までのおおよその増加数を推定・加算したもの。

第2章

産業の類型と中国市場で成功する企業の要件

未来を予測する最良の方法は，それを創ることである。
(The best way to predict the future is to create it.)
ピーター・ドラッカー

§1　中国マーケットの開放度

中国にはさまざまな規制があり，不自由なマーケットだという印象があるかもしれません。

かつては，ほとんどの業種に合弁でなければ進出できなかった時代もありました。その後一貫して開放が進み，外商産業指導目録の制限類・禁止類は徐々に減ってきており，自由貿易区の導入（2013年）によっても展開できる業種が増えています（コンピュータゲーム機の製造販売など[※1]）。

今でも合弁でなければ中国で展開できない主要な業界と言えば，自動車の完成車製造があります。しかし，自由競争が看板の米国でも，GMとクライスラーを倒産させることはできずに事実上救済したことを考えると，部品・素材などの広がりも含めて，これだけ枢要な産業に対して，社会主義市場経済を標榜している中国で規制があるのは，むしろ自然に思えます。その自動車業界ですら，既に合弁規制を解除するべきという意見も出ており，いずれは実現するでしょう。

中国においてより特徴的なのは，制限類となっていても，VIE（変動持分事業体）[※2] や委託の形態をとることで，実際にはビジネスを展開できている場合（出版・法律など）も少なくないことです。その一方で，法律上は制限が無いものの，実際には外資企業には監督官庁の許認可が出ない，というような場合（食肉輸入など）もあります。

金融業界は銀行・保険・証券の各監督官庁の裁量が強く，外商産業指導目録では制限類になっていても実際には過半数の出資で展開できていたり（銀行[※3]），制限の範囲内であっても，ほとんど進出が無い場合（証券）があります。

法規制や許認可のような明示的な規制は無いのに，無形の参入障壁があるという観点から見ると，実は，日本の方が，外資系にとってよりやりにくい市場です。卸売り・小売りの流通が閉鎖的であるなどと言われますが，いずれにしても，日本には外資系が大きなマーケットシェアを占めている業界はほとんど無いのが実態です。エネルギー・水道・鉄道・通信・放送などは日本でも外資が規制されています。

これらの状況から見ると，（特に日本に比して）中国の方が，オープンなマーケットであることは間違いありません。

図表5　中国における主要産業の外資比率

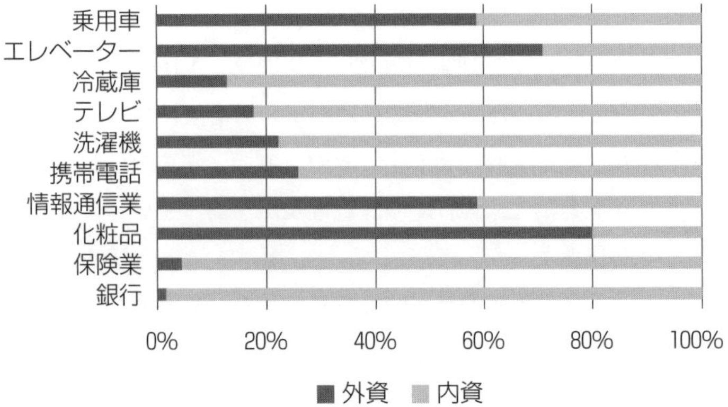

（出典：詳細は末尾参照（※4）。）

※自動車については合弁ブランドは外資。乗用車，冷蔵庫，テレビ，洗濯機，携帯電話は台数であり，金額でのシェアはさらに外資が高くなることに注意。銀行は資産。情報通信業には，電子情報製造業が約2万社，ソフトウエア・情報技術企業が4万社が含まれる。

図表6　日本における主要産業の外資比率

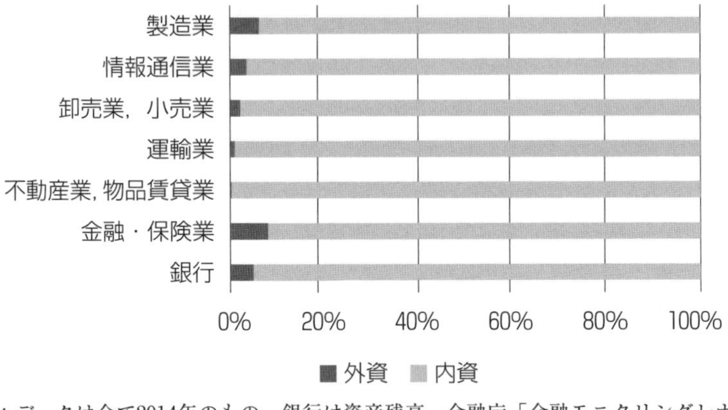

（出典：データは全て2014年のもの。銀行は資産残高，金融庁「金融モニタリングレポート」2015年7月。他は，総務省統計局「平成26年経済センサス―基礎調査」を業界の全体，経済産業省「外資系企業動向調査第49回」を外資系の金額として計算した。なお，外資系の定義について，日本では外国投資家が持分の3分の1以上であるが，中国では4分の1以上である。）

日中のマーケットの開放度の類型をイメージにすると**図表７**のようになるでしょうか。

図表７　日中マーケットの開放度イメージ

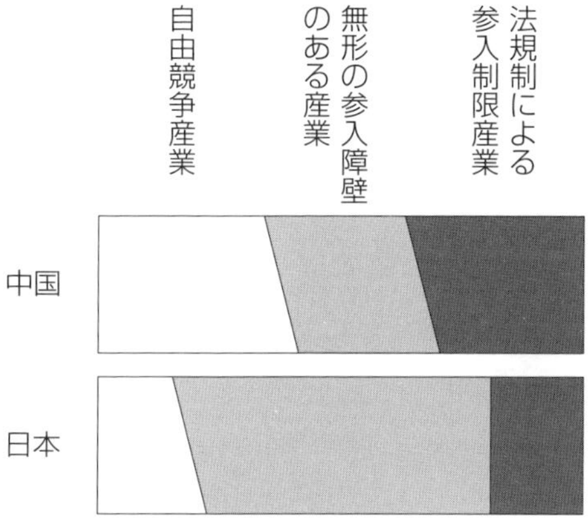

（出典：筆者作成）

●中国企業が勝つとは限らない業界も多い

これらの実質的に開放された業界においては，日系，米系，欧州系，韓国系，台湾系などの外資系，それに中国の国有企業，民営企業，さらに合弁企業や輸入品も競争関係にあり，まさにバトルロワイヤルの様相を呈しています。

こういった競争は，基本的にはよりよい製品・サービスの開発・提供を促し，経済の活力となるものです。この競争に勝つのは誰でしょうか。中国なのだから，中国企業が勝つのが当然と思い込むのは早計です。

図表５の通り，外資が主要なプレイヤーとなっている業界も少なくなく，この傾向は今後も続くでしょう。なぜならば，中国の所得水準が上がるにつれて，市場の性質が先進国に近づき，グローバル企業としての規模の経済が働きやすくなるからです。具体的には，研究開発や購買，ブランド力とマーケティングなどでレバレッジが効きます。もちろん，通信設備など既に技術力でも欧米企

業に追いつき，世界でトップシェアを獲得している中国企業もあります。

競争の激しい場所で勝ち残った者が強いのは自然の摂理です。将来的に，経済規模で米国を超し，十数億人という圧倒的な数の消費者を抱えたマーケットになった際には，かなりの業界において，中国を制した者がグローバルスタンダードとなるでしょう。

図表8 日中大企業比較

(単位百万円)	売上	純利益	資産
中国移動	12,405,290	2,016,798	9,043,378
中国石油	37,434,005	1,043,935	74,878,849
中国銀行	8,804,102	3,330,246	312,122,450
華為	7,331,954	685,104	6,907,749
海尔	1,665,862	109,923	1,409,943
聯想	5,413,294	−17,426	3,005,243

(出典：各社の公表数値（2015年12月期）（聯想のみ米ドル，他は人民元）を12月31日の人民銀行公表の中間値で換算)

(単位百万円)	売上	純利益	資産
NTTドコモ	2,998,075	461,006	6,595,645
JXグループ	8,737,818	−312,875	6,724,622
三菱UFJ FG	4,033,796	749,196	222,797,387
日立製作所	10,034,305	294,753	12,551,005

(出典：各社の公表数値（2016年３月期))

いくつかの業界で，日中の主要な企業を比較してみました（**図表8**）。

これを見ると，特に中国の金融，通信，石油大手の大手国有企業がいかに巨額の利益を計上しているかが分かります。ミクロ経済学の基礎で出てくる，独占・寡占がいかに買い手（この場合は一般市民）の利益を害するか，という実例のようです。この観点からも，中国市場の自由化の方向性は揺るがない，と考えられます。

一方で，日中ともに，メーカーなど規制に守られていない産業における企業は，激しい国際競争にさらされながら，懸命に消費者・顧客のためにより良い製品・サービスを開発し続ける運命にあると言えます。

§２　中国市場で勝つ企業の必要条件　その１

さて，前章から前節までの内容は全て，中国市場の状況を客観的にとらえていただくための前提情報でした。ここから，いよいよ中国市場で勝つための事業管理を検討していきます。

> 中国市場で勝つ企業の必要条件その１：
> 「情報伝達が滞っていないこと，特に中国の状況が，経営の中枢にきちんと伝わること」

当たり前に聞こえるかもしれませんが，これについて考えなければならないことはたくさんあります。日本国内では，当たり前にできていることが，中国事業については，日中の言語・文化・国境の壁によって，できていないことが少なくないのです。

まず，現地の状況を的確に把握できることが必要であり，これについては「現地化」がキーワードです。中国でビジネスを展開する以上，現地の人材に活躍してもらわなければなりません。中国マーケットを開拓するためには，「中国人の知見・知恵」を活用できることが必要なのだと言えます。

例えば，現地の営業担当者は，仕様・コンセプト・アプローチを少し変えればこういう顧客に売れるのにといった販売機会を把握していたり，販売に係るリスク回避の良いアイデアを持っているにも関わらず，それが上司・駐在員・現地マネジメント・本社の開発に伝えられていないことが多いのです。

また，単純に伝えるだけでは，日本にいる開発部門・事業部には，なぜそういう使われ方をするのか想像ができず，なぜそのような仕様が求められるのか理解できない可能性が高い上に，実際には，情報は錯綜しており，いわば原石を掘り出して研磨するような，本社に理解できる形に分析・整理し，提案する機能が必要となります。

そういった重要な情報が，適切に伝達・提案されていないため，案件・開発・人事・販売網展開・拠点設立など，さまざまなレベルでの適切な投資判断を行えておらず，販売機会を逸している企業が多いのです。

日中の壁を超えて，そのような，現場→現地マネジメント→経営の中枢および，日中の関連現場間の情報の流れが実現できる組織を，適切な現地化によって実現する必要があります。

図表9　留意すべき情報の流れ

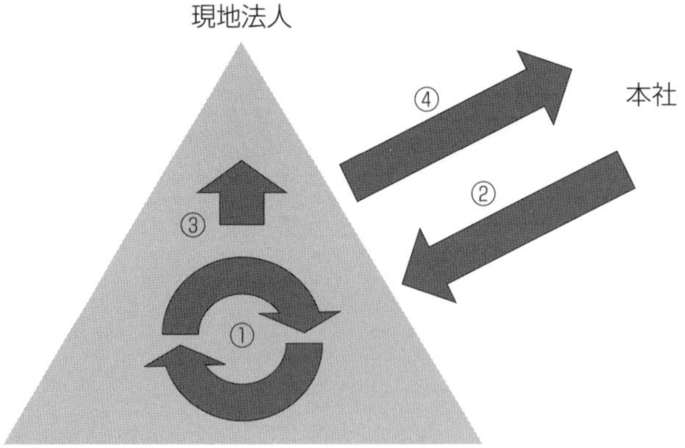

(出典：筆者作成)

●留意すべき情報の流れ①…現地担当者・管理者間

中国人の組織は，縦割りになりがちで，横の連携がとられにくい傾向があります。各担当者が，有用な営業情報を意識的・無意識的に開示しないために埋もれてしまい，適切に他部門に共有されないような状況では，業績を伸ばすことは困難です。

単純に，業務や経営を現地人に任せるだけの現地化では，現地に密着することはできても，本社からは乖離してしまいます。

現地化を推進するに当たっては，現地の担当者・管理者・経営幹部が，自分自身や自己の部署の都合よりも，組織の全体最適を考えて発言・行動できるような，企業文化の醸成，人事評価制度の導入・運用，信頼関係ができていることが前提になるべきです。

すなわち，適切な「現地化」というのは，企業文化を現地幹部・従業員に浸透させ，言語の壁を越えて企業理念を共有することによって，現地の人材と企業の強みを結合して運用できる組織づくりである，と言えます。これが，次章で見るように，特に日本企業がその「競争力」を現地で発揮するための前提になるのです。

●留意すべき情報の流れ②…本社・日方→現地

また，個別の製品・サービスのレベルでも，コンセプトや，スペックに現れない開発者のこだわり，見える化されていない高品質などが，現地の営業担当者・管理者に伝わり，代理店や顧客にアピールされることが重要です。

この観点で，中国事業が軌道に乗るまでの間，日本人駐在員が非常に重要な役割を担っていることは，再認識されなければなりません。

上述のような，現地担当者によって認識された販売機会や有用な営業情報の把握と，製品・サービスの良さや企業理念・文化の伝達は，実際には多くの場合，双方向で行われます。

中国事業がうまくいっている日本企業においては，どのような売り方をすべきなのか，どのような製品・サービスを開発すべきなのか，といった，日中の言語の壁を超えたディスカッションが，駐在員と現地管理者・担当者の間や，本社開発部門と現地営業部門の間で常に行われています。

●日本からトップクラスの人材を送り込む

特に営業・マーケティング領域については，このようなディスカッションを行えるだけの，担当業務・製品の日本における知識と経験と自信を十分に持った，トップクラスの人材が駐在員として現地に送り込まれることが重要です。

そのようなディスカッションは，当初は文化摩擦の様相を呈することもあります。しかし，通訳を介しても，経験の厚みや情熱は伝わり，現地メンバーからの一定のリスペクトを得られるものです。それと同時に，現地の事情を理解し，有用な情報を汲み取ることのできる人間力，という観点からも，より優秀な人材が現地の第一線で活躍することが望まれるのです。

●中国語の習得に代表される駐在員の「現地化」

とはいえ，多くの日本人駐在員にとって，言葉や文化の壁を超えるのは相当の苦労を伴います。役職・業務に応じて求められるレベルまで現地の状況を理解すること自体は，（さまざまな程度があるかと思いますが），数か月～数年あれば十分にできる場合が多いと言えます。この点でも，全体的に中国の方がオープンで多様性への許容度が高く，日本の方が閉鎖的で外国人・外国企業には入り込みにくいというのが現実です。また，日本人は，欧米人に比べると，漢字を読めること，中国人の嗜好に共感しやすいことなどから，多少ながら優位性があると言えます。

よりハードルが高いのは，中国語でしょう。語学の上達は個人差が大きく，また環境にもよりますが，やはり中国語を習得できると，より深い理解とコミュニケーションが得られることは間違いありません。仮に実用レベルにならなくても，その心意気は現地のメンバーに伝わりますし，通訳の一部が分かるだけでも，判断に違いが出ることがあります。

日本人が中国語を勉強する，中国人の思考や好みを身をもって理解する，ということも，立派な現地化の形であると言えるのです。

中国語を勉強しようとせず，現地スタッフを下に見て交流しようとせず，夜遊びを経費精算しているような駐在員では，現地メンバーの側からも，提言する意欲を感じず，どうせ数年で帰任するのだから，と思われるのも当然です。

中国事業がうまくいっている日本企業においては，長期間中国に滞在し，中国語も習得し現地に精通した駐在員がいる場合が多いと言えます。（一方で，不正リスクの観点からは，５年以内でローテーションを行うことが望まれるのが痛し痒しです。）

繰り返しになりますが，本社から，現地法人のマネジメントを含めて，どのような人材に，どのようなミッションを与えて，どの程度の期間派遣するかは，中国事業成功の最も重要な要素のひとつです。業績が良くないから，日本人駐在員を減らしてコストを削減するというのは，最もまずい現地化であり，ジリ貧に陥る恐れが高いと言えます。

●企業理念・企業文化を共有し貢献意欲のある現地人材を登用する

駐在員や本社開発との（時には熾烈な）ディスカッションを経ていくうちに，多かれ少なかれ企業理念・文化に共感し，自分から積極的にアイデア・提案を出してくる現地の担当者・管理者が現れてきます。そのような人材が会社の何よりの財産であり，積極的に登用していく，というのが最も望ましい現地化の形です。

一般的な，日本企業の中国子会社の現地化のペースは，操業10年前後で現地採用の中国人部長が現れ，15年～20年くらいで部長会議・経営会議が中国語主体になる場合もある（つまり部長級の過半数を中国人や中国語のできる日本人が占めることもある），という具合です。

一方で，ほとんど現地化を進めておらず，部長級以上を全て日本人が占めているにも関わらず，経営は非常にうまくいっている現地法人もあります。

現地人材を登用するのは，先述のような総合的な見地から優秀・必要な人材である，また若手の潜在性のある人材にキャリアパスを示すことによりモチベーションを向上する，といった人事的な観点であるべきです。つまり，現地化は適切な判断の蓄積の結果であるべきで，目的ではありません。

日本語は，ひとつの姿勢の表れとして評価できますが，(中国に滞在する日本人には環境があるのに比すと)，大学で専攻していない中国人が，現地で実用レベルの日本語を習得するのは，通常は困難です。日本語ができないと採用・昇進できない，ということでは，中国の優秀な人材のほとんどを活用できなくなってしまい，経営上の大きな損失となります。日本企業においては，日本語でのコミュニケーションが必要となる場合が多いのはやむを得ませんが，それが発展の制約にならないよう，どこかのタイミングで思い切りも必要となります。

現場の生きた情報を把握しやすいという観点からも，一般的には，より経営に近いレベルのコミュニケーションが中国語で行われていることが望ましいと言えます。

●留意すべき情報の流れ③…現場→現地マネジメント

そして，現場から現地管理者・現地経営者への情報伝達について，言語の壁によってコミュニケーションの断絶が起こらないような配慮が必要です。通訳の活用や，言語トレーニングなどもありますが，より重要なのは，現場と経営をつなぐことのできる人材の層の厚さです。先述のような現地経験の豊富な日本人駐在員，日本語の流暢な現地人幹部，本社採用の中国人・華人などがキーパーソンとなります。

韓国企業（サムソンなど）では，駐在期間として最低8年を目安とし，現地に精通した人材の育成と活用に配慮しているとのことです。現地経営者自ら中国語ができる場合には，大きな強みとなります。

●留意すべき情報の流れ④…現地マネジメント→経営の中枢／現場→本社

現地から本社への情報伝達は，戦略策定・投資判断への必要な濃度のインプットを，国境を越えて提供する，より重要なノード（結節点）ですが，ここもまた，うまくいっていない日本企業の多いところです。

まず，本社経営者・本社事業部が，中国市場に対して偏った先入観を持っている場合が少なくありません。期待されていない情報を報告したり，提言を行うのは，ほとんどの現地経営者・管理者にとって困難です。

中国に関する日本の報道は，視聴者に「受ける」ためか，ネガティブな内容にフォーカスして部分的に伝えていることが非常に多く，そのため専門家や経営者にいたるまで，過度に悲観的・批判的になっていることが少なくありません。その逆に，日本と同じやり方で何が問題なのか，頑張りが足りないだけなのではないのか，という不適切な楽観論・精神論も見られます。情報戦の段階で負けないためには，主観論や精神論を排し，客観的に情報収集・分析ができることが必要です。

●本社・現地における風通しのよい良好な企業文化

また，日本人駐在員に，事なかれ主義が蔓延しており，仕事を増やすような本社への提言は行わないような状況も見受けられます。中国事業以前に，本社レベルでの企業文化やモラルが良好に維持されていなければなりません。

駐在員が，頑張ってはいても成果が上がらず，その理由が分からずに合理的な説明ができないことから，つい「中国は特殊で難しい」というイメージを，増幅するようなコメントをしてしまったりすることもあります。

これでは，経営層や本社側は，いつまでたっても，「伸び悩む中国ビジネス」「よく分からない不透明な中国の現場」といった漠然とした印象を持ち続けます。焦燥感から，時には，本社が，極端で間違った対策案（性急な現地化など）や，完全な撤退を決断したりすることもあり得ます。

日本人同士だから，いつでも聞ける・阿吽の呼吸である，という思い込みがもうひとつの落とし穴です。こちらで「(O) KY」というと（「空気が読めない」ではなく）「(おまえ) 来てやってみろ」の略で，本社に中国の状況を理解してもらえない，駐在員の哀しみと怒りを表現しています。

前提が共有されていないため，例えば数値の裏にあるような状況を理解するためには，相応の補足が必要になります。そのような，付随的だが重要な情報交換を，顔を合わせたついでにちょっと，というわけにもいきません。

適切なのは，トップレベルのみならず部門別にチャネルがあり，定期的な指標や数値による正規の情報収集ルートに加えて，補足的な情報も共有できるような，人的なつながりを含む，重層的なコミュニケーション体制があることです。この点は，欧米企業においては，現地化が進んでも，子会社と本社の各部門の管理者・担当者が，直接英語でコミュニケーションがとれ，かつ仕組み化された管理機能軸がより尊重されるのに比して，日本企業の弱点になりやすいところです。

特に中国においては，文化的な背景によって，情報が偏ったり，都合の悪い情報が伝えられない傾向があるため，情報伝達を（日本語のできる現地管理者など）特定の人員に過度に依存しているような状況はリスクとなります。重要な判断材料については，単一の情報源に頼らず，裏どりや議論による相互チェックを働かせることが望まれます。

●トップ自ら中国を視察せよ…現場は中国にあり

ここまでのところで問題があると感じた企業には，特効薬となり得るアクションがひとつあります。経営・事業のトップ自ら中国に足を運び，自社と競合の製品・サービスが利用されている現場を視察し，顧客や代理店を訪問してみることです。

それにより，生きた情報で直接的に認識を更新し，中国に関する事業戦略の適切性を検討し，より正しい投資判断を行えるようになります。また，これまで伝達されてきた情報と実際の状況とに相違を覚えるようであれば，情報伝達のどこかが詰まっている，という問題を識別できます。

「現場主義」が，日本企業の強みだと言われます。（組織論に基づいた適切なコミュニケーションラインの構築を，それで代替してきた，と言えるかもしれません)。中国事業の現場は，当然のことながら，中国にあります。なにも南米に行けというのではありません。場所によっては，日帰りすら可能です。

ところで，経営・事業トップが来るとなると，(特に滅多に来ないようであれば)，それを迎える現地会社は，上を下への大騒ぎになるでしょう。それはある程度やむを得ませんが，都合の良いところだけを見せられて帰ってくることの無いよう，その観点からも信頼できるメンバーにアレンジをしてもらうことが重要です。ここでもやはり，風通しの良い企業文化が前提になってきます。

特に，中国においては，トップの徳によって全てがうまく回っている，というのがある種の理想像であり，問題が率直に伝えられない文化的背景があるため，留意すべきです。信頼のできる通訳を起用するといった配慮が望まれます。

§３　中国市場で勝つ企業の必要条件　その２

> 中国市場で勝つ企業の必要条件その２：
> 「中国の状況に合わせた，マーケティング・開発・戦略立案・投資判断が行われていること」

中国企業は，一般にトップが強い権限を持っているため決断が早いのに対して，日本企業は遅い（それによってチャンスを逃している）と言われます。しかし，これにはそれぞれのメリットデメリットがあり，強いリーダーシップには，トップが誤った判断をした場合の悪影響が大きい，トップ不在の場合に機能不全に陥る，といった欠点もあります。

一般論として，小規模・成長過程，または変革を必要としている状況の組織では，トップダウン型の強いリーダーシップがより適しており，安定期に入った大きな組織では，より合議的なボトムアップ型が適していると言え，必ずしも日本的なマネジメントスタイルが劣っているわけではありません。

しかし，大企業病に陥り，責任を押し付けあい，意味も無く判断が遅延するようでは，マネジメントとして有効に機能しているとは言えません。特に，海外事業は，現地子会社と本社でマネジメントが階層になっているため，それぞれで判断が滞らないよう，留意が必要です。

現地子会社の経営を現地人に任せるのは，現地化のひとつの到達点であり，現地の状況に即した経営を行うことで，業績を大きく伸ばすことができる可能性があります。その反面，特に中国における経営者はワンマン化しやすい文化的な背景があり，適切なコントロールを欠いた権限移譲は，不正・横領，競合事業の立ち上げ，コンプライアンス違反などの大きなトラブルにつながりかねないため，気軽に決断すべきものではありません。（なお，これらのリスクは，現地経験が豊富で有能な日本人経営者についても存在します。）

欧米企業においては，現地法人の経営トップに中国人や華人を起用していることが多く見られますが，それには通常，ナンバー２は本国から送り込むなど，本社中枢との（言語も含む）コミュニケーションチャネルが維持され，然るべき評価指標と報酬・インセンティブ体制とともに，不適切な事象を牽制・発見するためのモニタリングが伴っています。

●変な企業文化が根付いてしまった場合は然るべきトップの派遣を

変な企業文化が根付いてしまい，モラルが崩壊して当たり前のことができなくなっていたり，不正がはびこったりするような状況に陥った現地子会社については，現地トップに，改革のできる人材を送り込むことが，立て直しのカギとなります。また，それとともに，要所に日本人管理者を再配置し，モラルとモチベーションを再構築し，それぞれの担当部門を中心に，不適切な習慣や業務を改めさせることが必要となります。間違った現地化が進んでしまった場合には，戻ることも必要になるということです。

これに準じて，経営不振の現地子会社については，諸要素を勘案した上で，マネジメントを刷新し，実績のある人材を起用して必要な権限を与えるというのは，欧米企業では常套手段ですが，日本企業ももう少し積極的に検討してよい手法かもしれません。

いかなる場合でも，どのようなマネジメントが経営を行うかは重要ですが，日本企業の中国現地法人の状況に応じた，適切なマネジメントとは，どのようなものでしょうか。

少々，机上の議論のきらいはありますが，類型化してみます。

通常の事業会社において重要なのは，①現地に任された裁量の範囲で，適切な判断を速やかに下すことができること（判断力），（前節で見てきたように）情報のハブとして機能し，②現地の実情に基づいて本社に適切な提言を行うこと（提言力），③企業理念・文化などを現地に伝達できること（伝道力）です。

現地に大きな権限がある場合には，その範囲で判断でき，権限が無い場合は，本社に対して提言を行うことになるため，①と②に求められる資質は実は共通で，認識・思考能力の高さ，いわゆるIQであり，③については求められるのは，人間力・EQである，と要約できます。

図表10　中国現地法人に求められるマネジメント

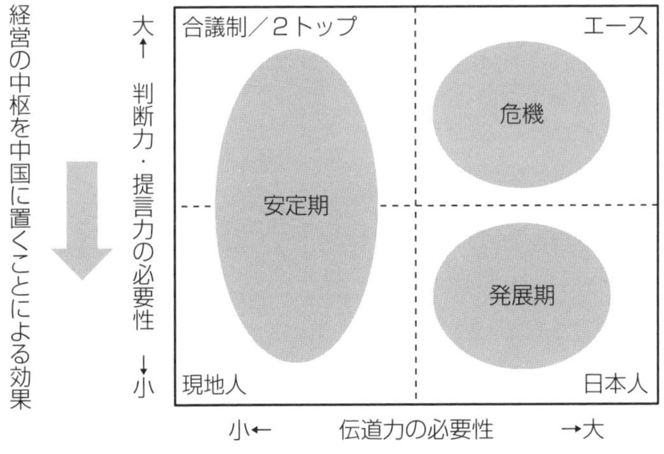

（出典：筆者作成）

立ち上げ期から軌道に乗るまでの期間は，一般に，日本人マネジメントが適しています。会社のやり方に沿った業務を構築し，現地従業員に企業理念・文化を浸透させることが必要であるため，伝道力がより重要となる一方で，初期投資・計画は決まっており，また高成長中の拠点であれば，必要事項も見えやすく，要望も通りやすいため，判断力・提言力の必要性は相対的に低いからです。そのため，本社・グループにおけるしっかりとした実務経験と，（IQよりは）EQの高さが望まれます。

拠点に業務実施方法が定着し，企業理念・文化を理解した現地人幹部が育ってくると，伝道の必要性は低下し，現地人マネジメントに経営を任せることも視野に入ってきます。その際には，グループ全体との一体運営の必要性に応じて，企業理念・文化が共有されていることが前提となり，また通常は，拠点の重要性と付与された権限に応じたモニタリングが必要になります。

リスクを許容して，現地人マネジメントの「爆発力」に期待するような手法は，投資とリスクを管理するような業態（商社やファンド）では自然である一方で，一般の事業会社においては，通常は適切とは言えません。（後述のような）M&Aで取り込んだ子会社など，独自の理念・文化に基づいて発展してもよく，同時にグループ全体からは，おかしなことになっても甘受できる重要性しか持たない場合に限られます。

社内に大きな問題は無いが，事業が足踏みをしているような場合や，順調に推移している大規模・重要な拠点については，会社により２トップ制と称するような，合議的なマネジメントが適合しています。

早い判断よりも，適切な判断ができることが重要であり，現地人マネジメントの知見を活用することが望まれるとともに，経営の中枢に対して，より的確な提言を行うことができることが必要だからです。なお，合議制は，無責任・不行動に堕するリスクがあり，そうならないように留意していく必要もあります。

先に挙げたように，立て直しが必要になった拠点は，判断力・提言力・伝道力の全てを兼ね備えた，「エース」が必要な状況であると言えます。

そのような状況に起用できる経営者候補の育成も，中長期的に検討しておくべき課題であると言えますが，多くの会社でエースは圧倒的に不足していることでしょう。

●経営の中枢を中国に置く

経営のより中枢に近い部分を中国に置くというのは，多くの面で非常に大きな効果があります。「中国市場で勝つ企業の必要条件」その１を，「本社」ではなく「経営」の中枢としたのはこのためです。成功している日本企業では，中国に副社長や専務が常駐し，事業の陣頭指揮をとるケースが増えています。また，業績を上げた現地人経営者が，本社の役員になるケースも出てきており，本社から見れば経営のグローバル化ですが，現地の観点からは究極の現地化であるとも言えます。

経営の中枢が中国にあれば，より現地に即した適切な判断を，より早く下せるようになり，条件の１と２を同時に満たすことができます。

また，情報を上げる側の，個々の事業会社のマネジメントに求められる提言力や，与えられるべき権限も小さくなり，必要となる経営者の資質のハードルが格段に下がります。期待される役割が，日本国内の営業所長・工場長のそれに近づくと言えるでしょう。

ただし，経営の中枢を中国に置くためには，現地にそれだけの「地力」があることが前提になります。これも鶏と卵ですが，マーケティング部門またはそれに相当する機能や，その前提となる十分な情報を収集・伝達できる能力が無いのに，役員だけがいても意味がありません。

一般に日本企業は，マーケティングが弱い，と言われます。マーケティングとは，市場全体の動向・ニーズを分析し，開発・販売戦略を策定する機能です。

日本国内の市場においては，営業部門や開発部門が日常の業務の中から自然に把握している情報で十分だったかもしれません。また，品質の良い物・サービスを提供すれば，自然と顧客が選んでくれる，という理念もまだまだそれなりに有効です。

しかし，海外市場，特に世界の有力企業がしのぎを削る中国においては，市場の適切な分析無しに，戦略を策定し投資を決定するのは無謀です。多くの日本企業の問題は，（無謀なのではなく），急拡大している中国の市場の実態を把握しておらず，それに対するマーケティングを十分に行って戦略を立案しておらず，それに基づいて適切なタイミングで然るべき規模の投資判断を行っていないことです。そして，本来獲得できるはずのマーケットシェアを，他の外資企業や中国企業に持って行かれていると言えます。

●販売の集約により強力な地域本社機能を構築する

欧米企業がより利益の出る事業部・製品に特化する傾向があるのに比べると，日本企業は多くの事業部・製品を抱える傾向があります。それとともに，各事業部の権限が強く，中国の統括会社・管理会社が機能を発揮できていない場合が多く見られます。

筆者の見るところ，中国で成功している日本企業の多くが，販売（本部）機能を中国全体で集約しており，統括会社の中に置くか，実質的に一体化しています。

これにより，特に生産会社への影響力の強い本社事業部と，中国の状況を理解し販売機能を握る統括会社とが，マトリックス状に適切なパワーバランスを保つことができ，また規模のメリットから，マーケティングをはじめとした，然るべき地域本社機能を持ちやすくなっているのだと考えられます。営業とマーケティングは，異なるレベルの機能ですが，密接に関連していなければならず，営業機能が集約されていることが，充実したマーケティング機能を形成する前提になるのでしょう。

もともと，各地の拠点を独立法人としなければならないのは，中国の法制度上の要請でした。特に進出当初は，各法人の独自色が強くなってしまうのも，やむを得ない面もあったかもしれません。しかし，今後の中国市場で事業を成功させるためには，各地の拠点間および日本本社との間で有機的に連携できなければなりません。そのために，早期に強力な地域本社機能を構築できることが望まれます。

●マーケットリーダーに必要なのは分析よりも信念と現場情報

中国で行われるべきマーケティングとはどのようなものでしょうか。マーケットリーダーでない場合の戦略は，基本的には他の国・地域と異なるところは無く，リーダーの分析を行い，それに応じて自社のポジション（チャレンジャー／ニッチャー／フォロワー）を定め，然るべき展開を行うことになります。

一方で，市場全体または特定のセグメントやカテゴリにおいて，リーダーである場合には，理論的には，中国の消費者の所得レベルや嗜好から，潜在的なマーケットがどの程度存在するかを分析し，それを発掘していくというステップになります。所得レベルや嗜好が多様で，思いもかけない商品グレードと価格帯にマーケットが存在することもあります。

しかし，これまで中国市場で成功してきた日本企業について言うと，繊細なマーケティングを行ってきたというよりは，「そこに市場が存在することを信じて突っ走ってきた」ことで成功した会社の方がむしろ多いようです。

結局のところ，マーケティングというのは，経営者が正しい判断を下すために必要な情報を集め，分析し，選択肢を検討するためのツールに過ぎません。従って，弱者が強者を分析したり，強者がその地位を維持するための検討には有用であっても，比較対象が無い場合の，アクションとその結果を予測することは難しいと言えます。

逆に，マーケットリーダーでない企業が，適切なマーケティング無しに競争するのは，羅針盤もGPSも無しに航海に出るようなものだと言えるでしょう。

なお，マーケティングはなにも綺麗な分析だけではありません。先述のように，営業現場から，潜在顧客やニーズなどの有用な情報を吸い上げ，営業・開発に反映させることも，重要なマーケティング機能であり，これはマーケットポジションに関わらず，常に留意すべきポイントであると言えます。

§4　中国市場で勝つ企業の必要条件　その3と4

中国市場で勝つ企業の必要条件その３：
「自社の強みを中国に導入・再現できていること」

前節で見たように，中国は端的には日本よりオープンで競争の激しい市場です。日本でうまくいっていない事業を，中国に持って行ったら成功するなどという甘い話はありません。しかし，多くの日本企業は，誇れる何か，中国の消費者・生産者に提供できる付加価値，すなわち広大なマーケットを獲得することができる潜在性を持っています。

中国でうまくいっていない日本企業の多くは，そういった「強み」を中国で再現することに成功していないのです。

これについては，次章で検討します。

中国市場で勝つ企業の必要条件その４：
「リスクを適切にマネジメントできていること」

リスクマネジメントなんて綺麗ごとだとお思いでしょうか。しかし，広義のリスクは，ネガティブな影響とポジティブな影響の両方を含みます。すなわち，チャンスとはリスクをとることであり，チャンスを逃すこともリスクなのです。そして，全ての経営判断は，リスクをとるかとらないか，であると言えます。

リスクマネジメント全般については，第６章で扱いますが，ここでは本章の内容に沿って，中国事業の展開方式に関わるリスクを２つ挙げておきます。

●その合弁は本当に必要か

かつては，中国事業をスタートする際に「合弁」というのは，一般的なオプションでした。しかし，現在では，多くの業界において，外資独資で事業を行うことができます。

さまざまな企業を見てきた筆者からのアドバイスは，端的には，法規制やライセンス等の事情でどうしても合弁にしなければならない場合を除き，独資でおやりなさい，というものです。特に50：50出資やそれに近い，双方が経営に参画する形の合弁は，なるべく避けることが望まれます。

自主的な合弁であれば，相手方に期待している何かがあるはずです。30年前（※５）には，日中友好と中国の経済発展への貢献を目指して，技術移転をするための合弁，というのもありました。古き良き時代です。

およそ20年前，第二次中国進出ブームにおける法人設立の多くは，日本や他の海外への輸出のための生産会社でした。そのような場合には，合弁により「安く生産できる」という期待があったかもしれません。中国企業は，総じて日本企業よりも低コスト・低価格で生産できるのも確かですが，しかし，そのコスト低減策の多くは，従業員の社会保険・年金を出さない，脱税する，使用料・ライセンス料を払わない，といった黒や灰色のコンプライアンス違反を伴っています。いまだにそのような手法を用いてまで，安く生産したい日本企業がどれだけあるでしょうか。

（特に民営企業について）本社・管理機能がリーンである，日本に比してまだまだ人件費が安い，中国人に合ったインセンティブ体系などは，いずれも合弁で事業をしなければならない理由にはなりません。独資であっても工夫次第で実現・享受できるはずです。

販売に関して，合弁であることにより「売りやすくなる」，というのも要注意で，キックバックの提供が伴うような（一昔前の）現地式の営業は，昨今では大きなコンプライアンスリスクとなります。

政府や国有企業・病院など準政府機関への販売について，独資よりも合弁の方が有利かというと，ほとんどそのようなことも無いと言えます。出資比率25%の合弁であれば所詮は外資（外商投資企業）として扱われますし，中方のブランドの方が有利などということは，ほとんど無いでしょう。独資であっても，国有企業や政府機関を相手に営業して，きちんと販売実績を伸ばしている日本企業や欧米企業も少なくありません。

中方が「販路」を持っている，というのは，一見すると正当な理由に思えます。しかし，企業の競争力が製品にあるのであれば，殊更に資本関係を持たずとも，代理店などより多くの有力な販売パートナーを探す方が有効です。逆に，中国において然るべき販売体制を構築することが必要な業界であれば，それを合弁相手に頼るのはまっとうな戦略とは言えません。

詳しくは次章で検討しますが，中長期的に中国市場で発展するためには，経営の全方面で隙無く展開し，強みを発揮し，弱みをカバーしていくことが必要です。

「地元政府との関係」をうまくハンドルしてくれる，という期待から，地元の国有企業と組むような場合も，以前はありました。しかし現在では，よほどの田舎であっても，常識的な付き合いをしていれば，独資であるがゆえに問題になる，ということはありません。合弁であっても，中方が，市政府，開発区政府，公安，税務局，税関，外貨管理局，工商局，労働社会保障局，環境保護局，消防局，さらには業界監督官庁など，関連する全ての政府機関に顔が利くとは全く限らないのです。

中方のマネジメントが，当該合弁企業の利益よりも，中方企業集団の利益を優先したり，地元の関係者への便宜を図って見返りを求めていたりするかもしれない，というのが合弁に関する最も大きなリスクです。どう考えても大きな利益が出て良い企業であるのに，長年赤字であったり損益トントンというような状況も見受けられます。

「投資規模を抑える」ために，他の出資者を募る，というケースももしかしたらあるでしょうか。しかし，合弁にしたために，投資が失敗するようでは本末転倒で，実際にそのようなリスクは格段に増します。（純粋に金額面で投資リスクを限定する目的であれば，日日合弁もひとつのオプションでしょう。）

また，合弁企業に持ち込んだ技術やノウハウは，当然中方に流出する，という前提で考える必要があります。合弁企業の中方，そのグループ企業や元従業員が，競合事業を立ち上げた，模倣品を出した，（日方の）商標を登録した，というような例には枚挙に暇がありません。

結局のところ，合弁で法人を設立することに，本当に合理性がある状況というのは，ほとんど無いのです。

筆者自身，日中関係がこじれにこじれた合弁企業の中方経営者から，相談を受けたことがあります。コア技術は日方本社が握っているために，日方の公平とは言えない扱いを我慢せざるを得ない，経営者の悩みには深いものがありました。

合弁において利害が完全に一致することはあり得ず，特に双方が半々かそれに近い比率で経営に関与するような場合には，どちらも不幸になる確率は相当に高いと言えます。

本当に何らかの強みを持つ中国企業があったとして，それを活用するには，（合弁以外に）（工程）委託生産，代理店契約，技術提携など，いくらでも方法はあります。

合弁であっても，どちらかが完全にまたはほとんど主導権を握る形であれば，比較的にせよ無難です。日方が経営を任されるのであれば，ほとんど独資と変わりませんが，配当や組織再編に際して，突然ややこしい交渉になることもあります。

●マイノリティ出資先のモニタリング手法…
（1）董事の任命
（2）実務管理者の派遣
（3）監査の実施

逆に，中方が経営を握る合弁であれば，通常，日方の出資はマイノリティでしょう。これは，新たな業態への参入に際しての「勉強」や，得意先・代理店や仕入先との関係強化として実施するのであれば，合理性があります。

その場合，出資比率に応じて董事を任命し，董事会へ出席させることは，通常どの会社でも行うでしょう。できれば，実務レベルの管理者も派遣したいところです。特に「学習」，土地勘・業界勘，ノウハウの取得が目的であれば，これをしなければ意味が薄くなります。中国語の経営環境に派遣できる人材は，なかなかいないかもしれませんが，そのために採用するというのも一案で，全くしないよりはマシです。実際に筆者が，とある日中合弁企業に，中方から派遣されてきた中国人管理者に経歴を聞いたら，直前に採用されていた，というような例もありました。

言うまでもないかもしれませんが，派遣された管理者の重要な役割は，経常・非経常の取引が適正に行われているか監視することです。中方グループの本拠地や，敷地の一角を借りて設立したような場合には，中方のグループ企業に有利な条件で，様々な取引が行われる可能性は相当に高くなります。その他のグループ外の取引であっても，市場価格より高く，裏でキックバックが発生しているような取引が無いかどうかについても，留意することが望まれます。

もうひとつ，（特に管理職を派遣できないような場合に）ぜひお勧めしたいのは，合弁契約に監査権を明記して，実際に定期的に行使することです。監査というと，中方を疑ってかかるようで一歩間違えると関係を損ないかねない印象があるかもしれませんが，当該会社の問題点・課題を識別し，改善の方法を提案するという，本来は大いにWin-Winの活動です。（内部監査については第７章で解説します）。

●半々の合弁をうまく運営するには…
（1）人間力のある経営者
（2）出向者の人事評価
（3）理性的・合理的な調整

もしどうしても，双方が経営に関与する形で合弁企業を設立しなければならない場合，どのように運営すれば，うまくいくでしょうか。

このような合弁会社の典型的な成功例は，業績が良好で発展を続け，それによって双方のグループから一目置かれるような独立性を保ち，独自の企業文化と求心力を持っている，という形です。合弁会社のほとんどの従業員は，その会社のプロパーであるという事実を改めて考えてみれば，「その会社の発展」が目指されないような合弁会社で，長く力を発揮してくれる人が出ないのは自明ではないでしょうか。

そのような成長を期待するのであれば，当初から，ある意味で（会計上はともかく）「子会社ではない」，しかし他人でもない，という前提で，（あまりいい表現ではありませんが「連れ子」みたいなイメージで）取り扱うことが適切です。

そのために，最も重要なのは，やはり経営者でしょう。一般に，主体性を持って運営する法人の業績は，経営者の手腕によって大きく左右されます。さらに合弁企業に対しては，コミュニケーションと信頼関係を大切にできる，人間力のある経営者・管理者が派遣されることがより必要になります。（先述の分類で言えば，エースが必要になると言えます）。

これをサポートするものとして，特に双方の出向者について，当該合弁会社の発展に貢献することが最も評価されるような人事体制を，合弁会社と出向元の両方でとることが望まれます。

その上で，利害の衝突をなるべく避け，もし発生した場合にはこじれないうちに，理性的・合理的に条件を調整することが重要です。合弁というのは，よく結婚に例えられます。良好な夫婦関係の表現として，中国語に「相敬如賓」

(互いに客人に接するように敬意を持って接する) という成語がありますが，まさにそれが秘訣，というところです。

●M&Aした会社の管理…目的によって大きく異なる

M&Aというのは，中国進出や事業の拡大のためのひとつの有力なオプションになり得ます。

日本企業が有望な中国・香港企業に出資し，その後大きく成長してグループの稼ぎ頭となっているようなケースもあります。ソフトバンクがアリババの草創期に投資をしていたのも，この類型であると言えるでしょう。

そのような，「大化け」を期待する場合には，買収先・出資先のイニシアティブを包括的に尊重する姿勢を徹底し，関与を最低限にすることが，むしろ良い結果をもたらすことが多いようです。上述の，合弁会社に対する心得に通ずるところがあります。また，リスク管理の面では，先述のマイノリティ出資の合弁企業に準じます。

しかし，業績が良くない状況が続く場合には，当然ながら，何らかの手を打たなければなりません。中国において積極的にM&Aを実施している欧米企業では，M&A後も既存のマネジメントに経営を任せ，業績が良くならない場合には，管理を強めてマネジメントを交代させるという基本方針が確立されているようです。

最初から，グループの一部としての特定の役割やシナジーを期待してM&Aを行う場合には，どのようにPMI (ポストマージャーインテグレーション) を行うかが重要になります。

個別にどのようにすべきか，というのはここでは難しいので，概念的にのみ言うと，対象会社の良いところを残し，弱点は排除し，親会社グループの強みを持ち込んで，「良いとこ取り」をして，新たな法人に生まれ変わる，というのが理想形でしょうか。

そのために望まれる配慮は，これまた，先述の合弁企業に対する配慮と共通点があります。①コミュニケーションと信頼関係を大切にできる，人間力のある経営者・管理者を派遣すること，②対象会社の業務のやり方や人員を尊重しつつも，変更すべきところはきっぱりと，状況に応じて理性的・合理的に判断すること，が望まれます。

先と同じように例えれば，「養子」でしょう。年齢が幼ければ，これから教育・感化すべきところが多い，ということになりますし，既にある程度成長していれば，より個性を尊重しつつ接することになります。

●デューデリジェンスこそ安物買いの銭失いにならないように

当然ながら，M&Aを行う前に，投資金額に応じた，適切なデューデリジェンスを行うべきことは言うまでもありません。

合弁においては，利害の共有と衝突が錯綜し，客観性と信頼のバランスが重要であるのに対して，特に中国におけるM&Aは，完全に性悪説に基づいて考え，交渉する必要があります。売り手は，より高く売ろうとするに決まっていますし，仲介を行うエージェントは，ディールを成立させることのみが関心事だと言って過言ではないからです。

民営企業については，二～三重帳簿とそれによる脱税など，各種コンプライアンス違反のデパートのような状況も見られます。そのような会社を，デューデリジェンス無しで買っているような甘い日本企業も，実際にあるのです。

一般論として，投資金額の0.5%が目安と言われますが，対象企業のリスク度合いに応じて，早い段階でしっかりとしたデューデリジェンスを行い，そこで出てきた悪材料を元に買い叩く，というのが正しい姿勢です。

【注】

※1：「中国（上海）自由貿易試験区文化市場開放項目実施細則」（2014年4月）により，文化主管部門の審査を通ったゲーム設備の生産販売を，外資企業が行ってよいことになりました。

※2：変動持分事業体（Variable Interest Entity）。本来は会計用語で，持ち分で

は支配していないものの，実質的に事業をコントロールしており，連結決算の対象となるような事業体を指します。中国において，内資でしか実施できない事業を，中国国籍の個人や中国の法人の名義で実施してもらい，出資契約や事業契約において，意図通りの事業が行われるような条件を設定するような形態がとられます。

※３：銀行について，外商産業指導目録では単独で20%，複数で25%までの外資の出資しか認められていませんが，別途，「国務院令第657号『中華人民共和国外資銀行管理条例』の改定に関する決定」(2014年11月）により，60%までの外資銀行の出資が認められています。証券については，49%までの出資が認められているものの，１社あった日中合弁が解消してしまい，現在日系の証券会社はゼロとなっています。

※４：

産業	外資	内資	単位	期間	情報源
銀行	1.62%	98.38%	資産	2014年	銀監会年報
保険業	4.50%	95.50%	売上	2014年	保監会年報
化粧品	80.00%	20.00%	売上	2014年	経貿研究
情報通信業	58.70%	41.30%	売上	2015年	中国工信部
携帯電話	25.86%	74.14%	台数	2014年	IHS Technology
洗濯機	22.20%	77.80%	台数	2015年上半年	奥維数据
テレビ	17.70%	82.30%	台数	2015年上半年	
冷蔵庫	12.90%	87.10%	台数	2015年上半年	
エレベーター	71.00%	29.00%	売上	2013年	中国電梯協会
乗用車	58.70%	41.30%	台数	2015年	中国工信部

※５：1978年10月，鄧小平が訪日し，松下電器茨木工場を見学した際に，松下幸之助に会い「中国の現代化建設に力を貸していただけませんか」と言い，それに対し，松下幸之助は「何であれ，全力で支援するつもりです」と答えた，という逸話は中国でも伝えられています。

第3章

競争力の源泉と中国市場における発揮

私はかつて，Appleは，このビジネスにおけるSONYになるべきだ，と言っていたが，実際のところ，私はAppleはこのビジネスにおいて，Appleになるべきだと思う。(I used to say that Apple should be the Sony of this business, but in reality, I think Apple should be the Apple of this business.)

スティーブ・ジョブズ

§1　企業・事業の競争力

●競争力1：「開発力」

企業・事業の競争力とは何でしょうか。ピーター・ドラッカーは「知識」であると説きました。

他社に無い技術やノウハウがあれば，競争で優位に立てます。国全体の生産性を向上させ，経済成長の原動力となるのも，個々の企業の技術革新であり，本質的に最も重要な競争力です。

しかし，個々の企業・事業が「儲かる理由」というように考えると，もう少しいろいろな要素を考えた方が良さそうです。技術を持っている企業と，持っていない企業があるとして，後者に技術を供与したら，競争は対等になるでしょうか。現代の企業間競争では，技術力のある企業は，常にその次の技術を開発しています。

現代的な競争力として考えるべきであるのは，その時点で持っている技術というよりも，継続的に最先端の技術を開発することのできる「開発力」であると言えます。もう少し広げて，「開発力」とは，「マーケットニーズをつかむことのできる商品を継続的に開発する力」と定義し，デザインやコンセプトの開発もその範囲に入れるべきでしょう。

車や携帯電話のモデルチェンジは，技術の進歩もさることながら，消費者に受けるトレンドを予測し，作り出していく，というファッション業界のビジネスモデルに似てきています。

●競争力２：「人材」

そういった「開発力」を担っているのは「人材」，ドラッカーの言う「テクノロジスト」です。それでは，そういう人材をごっそり引き抜いて来たら，競争は対等になるでしょうか。なるかもしれません，少なくとも短期的には。しかし，そのような「人材」に，継続して力量を発揮してもらうためには，様々な配慮や然るべき環境が必要となるでしょう。そもそも，そのような人材はどのようにして採用・育成されてきたのでしょうか。

優秀なエンジニアやデザイナーを惹きつけるものは，待遇にも増して，クリエイティビティを発揮できるだろう，という期待でしょう。人材全般に当てはまるように言えば「やり甲斐」です。人が職場に求める重要な要素として他に，帰属感・居心地の良さなどもあります。

これらの，人材が集まり，育成され，継続して力を発揮できるための要件・環境が，「企業理念・企業文化」です。

●競争力３：「企業理念・企業文化」

極端に言えば，企業というのは，カネと理念によって集まったヒトの集団です。卓越した「企業理念」というのは，最も根源的な競争力のひとつなのです。企業理念をしっかり持っている企業は，そうでない企業よりも，業績が良いという調査もあります。

筆者は，とある米国系のマルチ商法会社の営業担当役員に会ったことがありますが，自社の商品が顧客にとっていかに素晴らしい価値があるかということを，本当に信じさせるような，素晴らしいスピーチのできる人でした。(実際には，冷静に商品を見てみると，それほど特別にも思われないところがマルチ商法たる所以です)。そのような，少々宗教がかった信念も，企業の強みとなるような「企業理念・文化」の一例です。

より一般的な例を挙げれば，アップル社は，端的には，故スティーブ・ジョブズ氏のビジョン・コンセプトを実現することで，時価総額で世界トップ（2015年10月時点）となったと言えるでしょう。ちなみに，スティーブ・ジョブズが残した名言（※1）はいくつもありますが，経営理念に関するもの自体は，他のハイテク企業のものとして掲げられていても違和感の無いようなものばかりです。やはりメーカーの理念・スピリットの最も良い語り手は，製品そのものなのです。

冒頭のスティーブ・ジョブズの引用で，当初はSONYの方が，クリエイティブな製品を出す企業として認知されていたこと，またジョブズ自身が目指す方向性と似ていると認識していたことが示されています。

かつてのSONYは，理系の若者にとって，つくりたいものをつくることのできる夢の工場でした。しかし，その開発力は，本質的に日本の技術者によって支えられた非常にドメスティックなものであったにも関わらず，世界で知らぬ者のいないグローバル企業となり，米国式経営を意識し，短期的に利益の出るプロジェクトが優先された結果，魅力的な製品が出なくなり，業績が低迷していると言われています。

その一方で，SONYは海外子会社の現地従業員が「自分の会社」だと胸を張って言うような，本当にグローバル化した数少ない日本企業です。その強力なブランドとグローバルイメージを核とした，新たなビジネスモデルに変貌してきている，と言えるかもしれません。

●競争力４：「ブランド力」

企業の「ブランド力」というのは，長年の経営の蓄積ですが，これもひとつの競争力の源泉として良いでしょう。世間の誰もが知っている会社名・製品名だけがブランドではありません。特定の業界ではその実力・品質が高く評価されている，というのも立派なブランドです。

また，中国のマーケットにおいて，「日本製」「日本企業製」というのは，特に品質面で信頼されています。日本企業であることが不利に働くことは，少なくとも対消費者のマーケットにおいては，（反日デモの最中でもなければ）ほとんどありません。意外に思われる方もいるかもしれませんが，本当です。これも，広い意味でのブランド力であると言えます。

●競争力５：「資本力」

企業を構成するもうひとつの要素であるカネ，すなわち「資本力」というのも，根源的な競争力のひとつとしてとらえることができます。カネに糸目をつけなければ，人材を集め，ブランドを広め，（費用対効果が見合わなければビジネスとしてはナンセンスですが）理論的にはどのような事業をつくることも可能でしょう。

業界によっては，資金の量そのものが競争力となる場合があります。金融業はその典型です。

鉄鋼や化学品など，巨額の設備投資が必要となる業界でも，いったん生産過剰となると，どの会社が長く頑張れるかという，体力（資本力）勝負になることがあります。

日本企業は，本拠地の日本において超低～マイナス金利であり，これは，資本力の観点からは，多少有利な状況にあると言えるかもしれません。

●競争力６：「運営力」

ここまでの内容に対して，自社の利益は，もっとささやかなところで確保されていると感じた方もいるでしょうか。

良い商品を開発できても，それを広告宣伝し，適正な価格・品質の部品・材料を調達し，計画通りに製造し，ロジスティクス網に乗せ，販売チャネルを通じて売ることができなければ競争には勝てません。これらのオペレーションを，他社よりも効率よく実施することにより，より多くの利益を確保することができます。

パナソニックは（上で挙げたSONYに比して），その販売網・営業力で優位にあったと言われます。技術力を含む「開発力」との対比で，営業力を含む「運営力」が高い，と表現できます。

サービス業においては，一般に開発力やブランド力が当てはまりにくく，競争はオペレーション，すなわち「運営力」の優劣によって決まると言っても過言ではありません。「サービスが悪い」サービス業が商売にならないのは自明の理です。

●競争力６－１：「ノウハウ」

それでは，他社よりも優れたオペレーションを行うことのできる企業には何があるのでしょうか。

そのひとつは「ノウハウ」です。ノウハウは，属人的であるが，特定の人しか持っていない能力や簡単に習得できない技能とは異なり，「日常の業務運営を通じて蓄積された手続き的知識で，見学や訓練によって他の人も実践できる，より優れたやり方」とここでは定義します。(※2)

意欲ある人材で構成された組織では，さまざまな工夫がなされ，重要なものからささやかなものまで，新たなノウハウが編み出されやすいと言えます。

トヨタ自動車の「カイゼン」は，そのようなノウハウの蓄積を，意図的に，かつ全従業員参画的に促進することが重要である，という概念を確立した点で画期的でした。

●競争力６－２：「優位インフラ」

ノウハウは，それが生まれた段階では属人的ですが，マニュアル化されたり，情報システムに組み込まれることで，オペレーションを他社と差別化できるようなインフラになり得ます。そのような仕組化されたノウハウを含め，他社に比べて「より優れた仕組み」，マニュアル・情報システム・設備・営業情報などを，「優位インフラ」と呼びたいと思います。

大手のコンビニエンスストアチェーンは，POSとポイントカードによって，売れた商品と買った消費者のデータを大量に収集し，いわゆる「ビッグデータ」の分析を行うことで，より多くの人が欲しい商品を，より欲しい時間に配送するような仕組みを整えています。

また，特定の地域に集中して出店することで，スケールメリットを出す，というのもコンビニやスーパーの「ノウハウ」であり，実際に構成された地域店舗群は「優位インフラ」であると言えます。

レストランであれば，オーナーシェフが１人で切り盛りしている段階では「ノウハウ」ですが，レシピを作成し，店舗運営をマニュアル化するなど，いわゆる産業化を経て，「優位インフラ」となります。

優良顧客や仕入ルートといった情報も，（単に知っているだけであればノウハウですが），リスト等に整理された時点で営業情報となり，これも優位インフラに含めて考えます。

以上で見てきたような，利益を生むような企業の「強み」，「競争力」は相互に関連しています。これらを図式化すると，**図表11**のようになります。

図表11　企業の競争力の相関関係

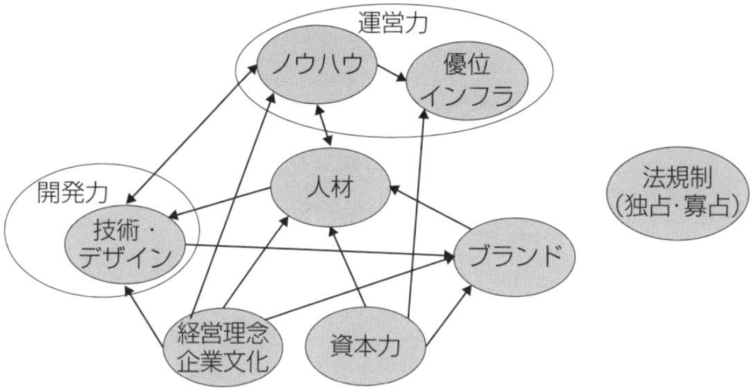

（出典：筆者作成）

●法規制により局所的な寡占を作り出す

ところで，企業に大きな利益をもたらすものとして，「独占・寡占」があります。中国の銀行，通信，石油などの業界の大手国有企業は，端的には法規制によって保護され，外資が本格参入できないことにより，莫大な利益を上げているのは，前章で見た通りです。

こういった法規制は，通常は経営環境としてとらえます。経営環境は，短期的には所与のものであり，例えば為替の動向，原材料価格の上下などは，リスクマネジメントによって対応すべき対象です。

しかし，中長期的には，経営環境の変化を予測して，有望な分野を重視する，またはリスクを分散する，というプランも重要です。

また，自社に有利な法規制が導入されるよう政府に働きかけることによって，優位性を獲得する，という戦略も有り得ます。

とある日本企業の中国事業では，中国の大手同業他社とアライアンスを組み，環境対応技術を供与することによって，中国企業の過半数が環境規制に対応できる状況をつくり，それによって政府当局が環境規制を導入しやすくすることで，技術的に後発の中国企業をマーケットから追い落とすという作戦を展開していました。これも，法規制により，一種の寡占状態がつくられる例であると言えます。

会社がコントロールできないものは経営環境であり，会社がコントロールして意識的に（または無意識のうちに）自社の強みとして生成・構築されたものは競争力であると言えます。法規制は，部分的にはコントロールできる場合があること，また中国においては，今後さらに外資への開放が進んでいくと考えられることから，検討すべき対象のひとつとして挙げておきます。

ところで，中国における競合他社（中国企業や欧米企業）が，既に圧倒的な規模になっており，真っ向から勝負できない，という業界も出てきているかと思います。規模が大きいことは，購買にも有利で，知名度も高まり，人材も集めやすくなるなど，さまざまなメリットが出ます。

これは，競争の結果として自然に発生した「寡占」としての面があり，それに加えて，構築された製造・販売網の「優位インフラ」，当該業界における「ブランド力」，「資本力」などの要素が複合した優位であると言えます。

こうなると，一般論としては，技術革新や新たなコンセプトにより特定の製品セグメントで差別化したり，特定の地域にフォーカスするなど，市場を切り取る形で，局所戦を挑むしかありません。

しかし例えば，筆者が中国に滞在してきた期間だけでも，最も売れている携帯電話メーカーは，モトローラー→ノキア→アップルと変化し，それにサムソンが挑み，華為・小米などなどの中国メーカーが出てきて，最近ではVivo，Oppoが元気です（2016年６月の台数では１位Oppo，２位華為，３位Vivo，４位Appleとなっています）。栄枯盛衰を感じると同時に，戦略次第で逆転できるものだと思わされます。また，その時々の覇者に，電子部品や素材を供給してきた（多くの日系を含む）企業の方が，むしろ勝者かもしれない，という見方もできます。

§2　日本企業の中国進出ステージ

次に，日本企業の中国市場への進出ステージについて，どのような類型があるかを確認しましょう。これは，どのような軸で考えるかによって，さまざまな分類が可能です。

前節までの内容を踏まえて，自社の競争力はどこにあるのか，競合が日本企業であれば日本市場での状況，欧米企業であれば世界の主要市場における状況を踏まえて，（推測も含めて）検討できたのではないかと思います。

その上で，特に中国市場への進出状況が，競合に比べて遅れているかどうかを考えていただきたいのです。

図表12　さまざまな視点から見た中国への進出度

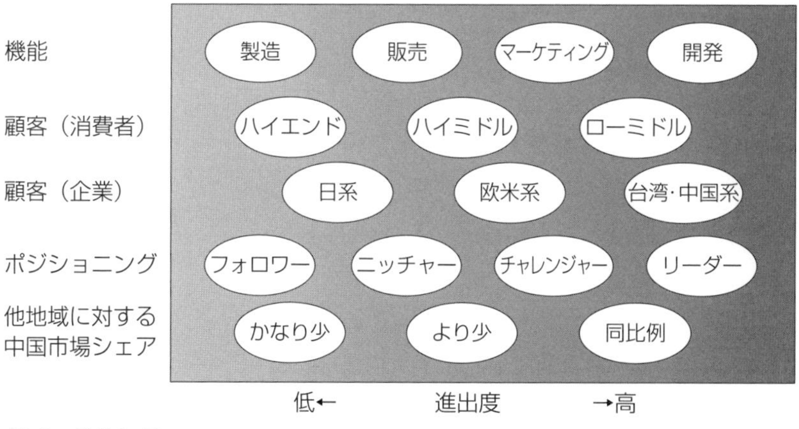

（出典：筆者作成）

機能としては，まず日本からの輸出のみをしている（中国に一切機能が無い）段階から，現地生産，販売網の構築，マーケティングや開発などの機能が中国で構築されていきます。

対象顧客については，消費者が対象となるサービス業や製品メーカーであれば，ハイエンドの富裕層だけをターゲットとしているのか，またはミドルマーケットも対象にしているか，という観点があります。対企業向けの製品・サービスでは，日本本社などのグループ内向け，日本企業向け，欧米企業向け，台湾企業・中国企業向け，という順序でより難易度が高いと言えます。中国市場での販売は，日本でも取引のある日系企業向けがほとんど，というステージから抜け出せていない企業も少なくありません。

ポジショニングについては，業界・セグメントにおいて，フォロワー（シェアも独自性も確保できていないプレイヤー），ニッチャー（独自性により特定セグメント・カテゴリでのシェアを確保），チャレンジャー（リーダーに次ぐシェアを確保），リーダー（業界・セグメントのトップシェアを確保）の順に進出度が高いと言えます。なお，これらのポジショニングは，どの単位で見るかによって変わってくることに留意が必要です。ニッチャーというのは，その特定セグメント・カテゴリ内ではリーダーであるわけです。

また，ある意味で逆の観点から，世界全体と中国の市場規模に対して，自社の事業の比率を比較してみる，というのもひとつのアイデアです。つまり，自社の中国事業の比率が，明らかに小さい場合，伸ばす余地があるのでは，というのが自然な発想になります。

また，グローバルに展開する日本企業の，一般的な機能の所在について，例示しておきます。機能の面から，中国への進出が十分かどうか，というのもひとつの観点です。

図表13　機能の国際展開の一般例

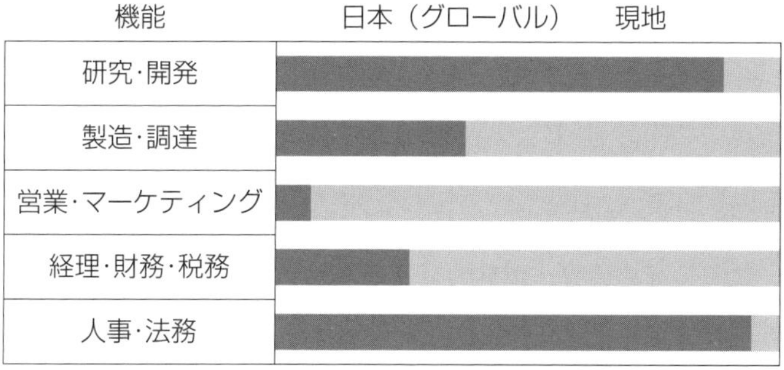

（出典：筆者作成）

§３　中国事業における開発力の発揮

●多くの日本メーカーは（開発力ではなく）営業を含む運営力で負けている

メーカーはその重要な強みが，「開発力」にあることが多いため，日本本社で開発・製造した製品を輸出する，技術を現地生産会社に持ち込んで生産する，という具合に，競争力を発揮する形そのものは，明確にイメージすることができます。

しかし，中国で生産を開始してからしばらくは利益が出ていたが，後発の他の外資企業や中国企業に追いつかれ，利益が出なくなっているような事業もあるのではないでしょうか。そうした中で，事業を中国企業に譲渡したら，これまでと全く異なる営業を展開し，利益が出るようになったという事例があります。これは，やり方次第，つまり事業を譲渡せずとも，運営を刷新することで，業績を好転させることができた可能性を示しています。

中国事業がうまくいっていないことから，自社の製品・事業に競争力が無いのでは，と弱気になるのは早計です。ひとつの目安として，日本や，欧米など他のマーケットでそこそこ競争できているのであれば，中国に適した運営ができていないだけだ，と考えるべきでしょう。

中国は，世界でも有数に競争の激しい市場です。ひとつの点で「強み」があっても，他の点で「弱み」があると，競争に勝てないのは道理です。総力戦でなければならない，と言っていいでしょう。

日系のメーカーに関して言えば，開発力はあるのに，運営力で負けている，特に「営業」の展開が十分でない，と思われるケースが少なくありません。それに対して，例えば家電などで市場を席巻している中国企業は，一般に営業重視であると言われます。シェアは高いものの，量販店やネット販売など小売りでの競争が激しいことから，泥沼の価格競争に陥っている中国企業・製品が多いのです。

ポイントは，今後，中国の消費者の所得水準はさらに上がり，よりハイエンドの製品を求めるようになるだろうということです。日本企業が技術的な優位を維持し，中国のハイエンド市場における一定のシェアを確保し，その上で然るべき営業を展開したならば，将来的に競争に勝つことは十分に可能な業界も少なくないと思われます。携帯電話は，日本勢が全滅したものの，最近になって再参入が行われています。

ところで，特に中国市場において，日本企業の製品は「オーバークオリティ」（過剰品質）なのではないか，と言われます。実際にそういう面はあるでしょう。消費者に受け入れられる価格で製造するために，耐久性や不良率に対する消費者の期待からみて重要度が低い割に，コストの大きくかかっている部分を分析し，思い切ったコストダウンを行うことで，シェアの獲得に成功した日本企業もあります。

韓国企業のサムソンは，「体感不良率」という指標を導入し，実際に使用者からのクレームにつながった件数を指標として，市場に求められる品質レベルに見合った製品を提供するために用いてきたそうです。しかし，昨今の電池の爆発事故を見るにつけ，結局は品質軽視だったのでは，とも思えます。

日本企業だけではありませんが，その企業の本来の経営理念から外れたモノづくりをしてはならない，と言えます。「良い物・安全な物をつくる」という理念があれば，それから乖離してしまっては，企業としての本質的な強みを失うことにつながるでしょう。

中国の消費者の期待値も，方向性としては，先進国に近づく一方である，しかもそのスピードはかなり速い，ということも失念すべきではありません。

●持ち込まざるを得ない技術は適切にプロテクトする

ここで，中国に持ち込むべきではない技術と持ち込むべき技術，また持ち込んだ場合の防衛策についておさらいをしておきましょう。

技術は，（特にメーカーについては）企業の競争力の中で，最も重要なものです。これまでの中国事業において脇が甘く，合弁先や提携先に気前よく技術を提供した結果，今では「軒を貸して母屋を取られる」ような状況に陥っている日本企業も少なくありません。

再度ですが，（本格的に国際化している中国企業はまだほとんど無いため当然ですが）中国市場にコミットして全力で運営をしてくる相手は，技術で完全には追いつかれていなくとも，大きな脅威です。

特に技術革新が速くない業界で，コア技術の更新が見えていない状況であれば，コアパーツを日本で製造して輸入するなどして，極力中国に持ち込まない，という配慮が必要です。

コアな技術情報をどうしても持ち込まざるを得ない場合（例えば化学業界の組成表など）については，以下の対策をとることが望まれます。

① 技術等の重要情報を定義・分類すること

② 情報の重要度に応じて，アクセスできる人員を限定すること

③ ITセキュリティ関連ツールの導入と設定をしっかり行うこと

④ 可能であれば，（卵をひとつのバスケットに入れず）重要情報を複数の

場所・担当に分けて保持するような配置すること

⑤　アクセスできる人員は相対的に信頼でき離職しないことが想定できるメンバーとすること

⑥　そのようなコアな人材が離職しないよう，同業他社の同じようなポジションの人員の待遇との比較や，モチベーション維持に関して配慮すること

なお，技術に接する従業員と，機密保持契約・競業禁止契約を取り交わすることも考えられますが，労務の実務として，そのような条項が有効であるためには，離職後にも一定額を（判例から在職中の給与の約２割が目安）を支給する必要があり，実務的にハードルが高く，そこまで実施したとしても，実効的に機密情報・技術情報の伝達を防ぐことは難しいため，これに頼るのは心もとないところです。

技術革新が早く，既に本国で次世代を開発中の場合，また技術によって見込まれる利益が高くない割に模倣・習得へのハードルが高いような場合には，相対的に中国に持ち込むリスクは低くなりますが，それでも相応の配慮を行うことが適切です。

特許・商標・意匠など，法律で守られているはずの知的所有権ですら，バンバン侵害されるのが中国です。

よく取り上げられる話ですが，DVDやCDの海賊版は，非常に安価に路上などで販売されている他，ビデオショップに置いてある物も，綺麗にパッケージされており正規品に見えますが，まずほとんど全てコピー品です。インターネットでも中古品と称してコピー品が出回っており，正規品を探すのがむしろ困難なほどです。筆者の所属する業界に関して言えば，企業の財務会計管理ソフトウエアもコピー品だったということがあります。

企業の製品やアフターパーツも，多くの模倣品がつくられます。上海・北京

のJETROには，日本企業製品の模倣品の展示室があり，その多種多様さには，驚かされます。

ちなみに，模倣品にも３つくらいのパターンがあり，①明らかに模倣しているが，ブランド・会社名はコピーしていないグレーゾーン，②ブランド・会社名も含めたコピー品，それから，③（合弁など何らかの事情で）正規の部品・材料を流用して非正規に製造されるが正規品と変わらない製品，があります。

●知的所有権の侵害は見つけ次第きっちり対応する

この中国でも近年，知的財産権を保護する動きが強まっており，泣き寝入りする必要はありません。

中国における知的所有権に関する仕組みは，実は意外と先進国並みだということです。知的所有権に限りませんが，中国を専門とする弁護士の方も，近年法律は整備されてきているし，判例も合理的な内容になっていると言います。

例えば，「鹿児島」や「高島屋」という商標が，中国で既に登録されていたのに対する異議の申し立てで，既に公に広く認識された名称であるとして，登録の無効が認められました。

また，JVCケンウッドが，類似の商標登録（KENWEI）に対する係争で，130万元（和解時のレートで約1,600万円）の賠償金を受領したような例もあります。しかし，2006年から提訴して，2012年の２月にようやく和解でこの結果ということですから，（日本と同様に）法的な手段によって，現実的な期間で問題解決できる場合は少ないというのも確かでしょう。

少し前になりますが，「iPad」の商標に関する係争は日本でも話題になったでしょうか。アップルが世界的にiPadを売り出す前に，唯冠台湾という会社が使用していたiPadの商標を買い取っていたのですが，中国大陸における権利は，実は兄弟会社の唯冠深センが保有しており，唯冠台湾が譲渡する権利を持っていなかった，という背景です。

中国企業が高額での買い取りを期待して登録したような印象を受けますが，

そういうわけではないのです。(もちろん，中国大陸における権利関係を，もしかすると意図的にきちんと開示しなかった可能性はあるわけですが，どちらかというと，そもそもアップルの法務部門が，商標登録の事実関係をきちんと確認すべきであったと言われています)。

もちろん，特許・商標の登録を，遅滞・遺漏無く進めておくことも重要です。その上で，知的所有権の侵害への対処法は，見つけ次第手を打っていくことで，具体的には，模倣品の製造拠点・流通倉庫などを特定し，公安・工商局に通報して取り締まってもらうことです。

独自に調査することが困難な場合には，外部のエージェントを活用することになりますが，この業界が業界だけにまたブラックで，左手で模倣品をつくって，右手でそれを日本企業に持って行き調査報酬をせしめる，というような事例もあったそうです。信頼できる日系の調査会社があるので，そういったところを起用することが望まれます。

●開発力の中枢を維持・強化する

いずれにしても，開発力を高く保持することがメーカーの生命線です。

一般論としては，特定の製造拠点・研究拠点に集う技術者・研究者の集団がその中核を担っており，メーカーのマネジメントは，そのような開発力をいかに保持し強化するかに心を砕くべきです。

国境を超えてそのような機能が存在し，テクノロジーの活用によって言語や文化を超えて，有機的に連携するというのも，今後は目指すべき姿かもしれませんが，ほとんどの企業においては，少々未来的に過ぎるでしょう。

多くの日本メーカーにおいては，地方の工場のまじめなエンジニアや，下請け企業に蓄積されている技術の重要性を再確認し，そのような強みを少しでも長く維持することが有効なのではないかと思われます。その一方で，既に中国の製造拠点で，そのような技術の蓄積がはじまっている企業もあるでしょう。その価値についてもよく確認し，適切な維持・防衛策をとることが望まれます。

特に中国というのは，上で見てきたように，最も技術が流出しやすい土地柄であり，本格的な産業スパイも有り得ない話ではありません。

基本方針としては，開発力の中枢は日本に置き，中国における開発業務は，現地向けのカスタマイズやそのための情報収集，また全社的な開発の一部を，まだまだ相対的に安い中国の優秀な人材を活用して支援するような形が，無難ではないかと考えられます。

●技術力のある中国企業は米国的なインセンティブ体系を採用している

ところで，日本企業のエンジニアが，韓国・中国企業に引き抜かれている，という話があります。これについては，人材の技術を吸収した上で，その先の技術を開発する力があってこその脅威であり，そこまでの根気，企業文化を備えた中国企業は，さほど多くないように思われます。（むしろ韓国企業の方が，既に開発力がある上に，最先端の技術を吸収するという姿勢が見られ，脅威に感じられます。）

そもそも，中国には，額に汗してコツコツと努力をするようなまじめさよりも，（要領の良さを含む）頭の良さを美徳とする価値観が伝統的にあります。端的には，「商人」には向いているが，「職人」にはあまり向いていない国民性だと言えるでしょう。

東南アジア諸国で，華僑・華人が，特に経済界で大きな力を持っているのも，現地系の人々の労力や産物をうまく活用したから，またそのような商業資本家としてのアイデンティティを強く持っていたからだと思われます。しかしそれは，まじめに物づくりをする人がいなければ，生かされない能力でもあります。総じて言えば，中国は，技術を保持・蓄積し，発展させるのに向いている環境ではないと言えるのです。

筆者は，最先端の技術を開発して欧米・日本・台湾企業と競争している中国メーカーを何社か訪問したことがありますが，そのカルチャーは，非常に米国的でした。高給でMITなど米国の名門大学の理系学部出身の博士・修士を招聘し，強烈な成果主義でインセンティブを与えるというものです。

多くの業界において，日本企業はこれまで米国企業と対等に渡り合ってきたわけですから，いまさらその亜流（と言ってしまいますが）を過度に恐れる必要はありません。

中国企業の中にも，通信設備の華為科技や中興通訊，PCのレノボのように，世界シェアのトップクラスを争っている会社もあります。華為科技は2014年2015年と連続で国際特許出願数世界一であり，中興通訊も2011年にパナソニックを抑えて出願数世界首位になったのち2015年にも世界３位を維持しています。

建機業界でも，東日本大震災に際して世界最大級のポンプ車を提供し，ドイツの同業プツマイスターを買収した三一重工は，経営者の自社技術重視の方針で知られています。しかし，多くの中国の建機会社は，売上ではかなりの額になり，他の発展途上国への輸出までしていても，基幹部品は外資系に依存しており，利益はあまり出ていないと言われます。

§４　中国事業を成功させる企業理念・文化の浸透と人材の活用

ここで改めて考えさせられるのは，日本企業においては，優秀で勤勉な人材が，相対的にいかにつつましい待遇，ささやかなインセンティブで頑張っているか，ということです。

余談ですが，日本人の英語は下手だと言われます。これは，小学校教育に英語が本格的に取り入れられていないこと，大学受験の英語が読み書き偏重であることによると思われ，近年改善が図られていますが，日本企業の人材確保という観点からは，むしろ日本人の英語は下手なままの方がよいのかもしれません。

一般の従業員だけではなく，中国のサイトで，日本の職業別給料ランキング（※３）が紹介されており，それに対して「驚くほど安い」とのコメントが寄せられていました。

この背景には，歴史的経緯や「和」を重視する文化から醸成された，強い横並び意識があると思われます。

●経営環境を取り巻く経済・社会・文化の要素は相互に連携した「系」を形成している

年功序列・長期雇用は，こういった日本人の価値観・仕事観に適合した雇用慣行と言えます。所得税・相続税の高い累進課税も，貧富の差が少ないことを是とする国民意識に沿ったものだと言えるでしょう。

リッチな個人が少ないことから，企業同士の株式持ち合いによる株主不在の状況が生まれ，資金調達手段は間接金融が中心となります。

そもそも，企業が何のために存在するのか，という問いに対して，米国では圧倒的に「株主のため」という答えであるのに対して，日本では「株主だけでなく従業員や取引先などステークホルダーのため」と考える人が多くなっています(※4)。

これが，日本企業の利益水準が全体に低く，売上重視であることの背景になっています。シェアホルダー（株主）からの短期的な利益へのプレッシャーが強い場合には，最も利益の高い製品・サービスに特化するのが最適になるのに対して，ステークホルダー（銀行や従業員や取引先）から安定成長を望まれている場合には，顧客から引き合いのある（販売機会のある）あらゆる製品・サービスを（赤字でない限りにおいては）提供し，売上を伸ばすことが最適になります。

こういった，企業を取り巻く経済・社会・文化のさまざまな要素は，相互に関連したひとつの「系」を形成しているのです。社会全体を「系」としてとらえる考え方はカオス理論にありますが，生態系のように，社会を森，企業を鳥や獣，人を虫（！）と考えると，互いに依存し，影響しあうという構造のイメージがわきます。

図表14　日米中の経営環境要素間の相互関連イメージ関連図

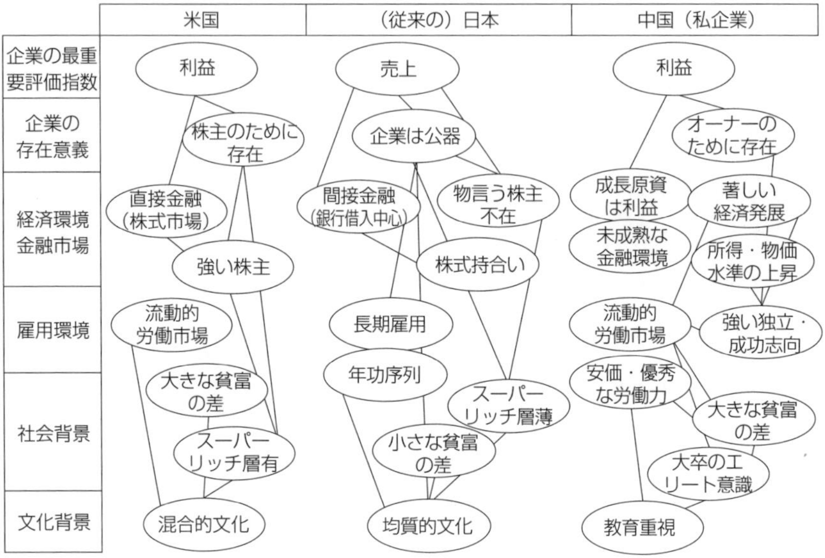

（出典：筆者作成）

少々ステレオタイプであることは承知の上で，米国・日本・中国の経済・社会・文化の各要素の関連性を模式図にしてみました。

こうすると，米国と日本とが，面白いほど対照的であることに改めて気づかされます。そして，進行する一方のグローバリゼーションというのは，その大部分が米国発であるからには，特にバブル崩壊後の日本が四苦八苦してきたのも，当然だと言えます。ひとつひとつの要素の変化が，関連する他の要素との軋轢を起こすのですから，苦しいのも無理はありません。

ところで，2008年に公表された韓国銀行のレポートによると，その当時，世界で創業200年以上の企業は5,586社（合計41カ国）あり，このうち半分以上が日本で3,146社，続いてドイツ837社，オランダ222社，フランス196社の順とのことです。

米国が入っていないことは，国家としての歴史が相対的に短いことから不自然ではありませんが，注目に値するのは，英国が上位に入っていないことです。会計の世界では伝統的に，英米式は損益計算書重視で，利益を出すことを重視する英国・米国における企業への期待，大陸式は貸借対照表重視で，長期存続を前提とするドイツ・フランスにおける企業に対する考え方が，それぞれ反映されていると言われます。

利益が重視される環境下では，企業経営にはよりチャレンジが求められ，大胆なイノベーションが生み出される一方で，企業の寿命は短くなる傾向があり，逆に，利益が重視されない環境下では，長期的に安定して事業が行われる傾向があるのだと思われます。

JETROが実施した調査によると，日本企業の中国現地法人における，収益状況（企業の黒字・赤字等の比率）は，2007年～2015年まで，2008年のリーマンショックではかなり，2012年の尖閣諸島問題による反日デモでは多少の影響が見られるものの，全体にはおおよそ同程度の比率で推移しています。

これは，コストに対して多少の利益を乗せて販売するという価格決定を行っているため，状況が良くても厳しくても，赤黒トントンまたは多少の利益という結果に落ち着く企業が多いためであるように思われます。それは，お客様への提供価値という観点では，素晴らしい理念であり，全ての企業がこのように行動するならば，ひとつの最適解でしょう。しかし，中国においては，然るべき儲けの機会を逸している，ということかもしれず，また，仕入先からは高い買い物をしている，ということかもしれません。

図表15 日本企業現地法人の収益状況の推移

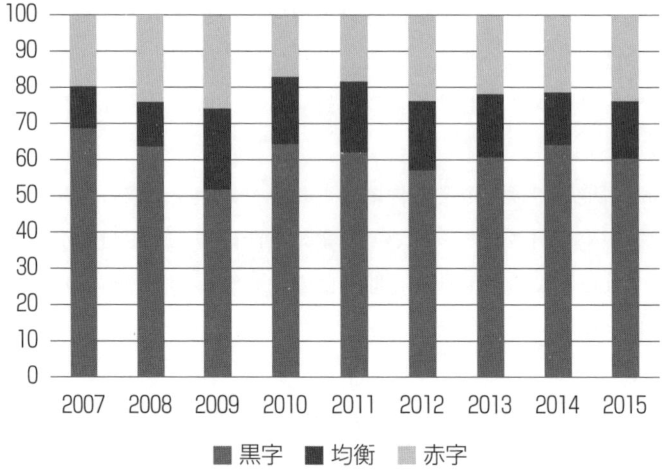

（出典：JETRO発行の「2015年度 アジア・オセアニア進出日系企業実態調査—中国編—」および過年度の同名・相当資料より。）

●トップが強く階層化された中国式組織力学

中国に注目してみると，特に企業を取り巻く経営環境としては，かなりの部分において米国と似ています。しかし，その背景となっている国民性には大きな違いがあることも認識すべきです（収斂進化に例えられるでしょうか）。

その例として，中国的な組織の傾向を挙げてみます。中国では，組織の「老板」（ボス）が絶対的な権限を握って全てを差配する強い傾向があります。大きな組織であれば，階層式に部門がありますが，やはりそれぞれの部門のトップがその部門内で強い権限を持ち，そのまた上の責任者には服従するのが普通です。また，部下に任せた範囲は任せきってしまい，細かいことには口を出さない（報・連・相は求めない）面もあり，逆に部下が上司に対して，求められてもいないのに方針や決定に関して意見するような局面は稀だと言えます。日本的に，大多数のメンバーの志向を意識したり，根回しによって主だったメンバーの内諾を得たり，部下とも相談しながら進める，といった手続きはあまりとられません。

このあたりは，悠久の歴史において広い国土が，科挙官僚のヒエラルキーによって統治されてきたことが，今に至るまで中国の組織力学の背景になっていると感じられます。科挙官僚はその上位者や中央（最終的には皇帝）の一存により評価・処遇され，配置・異動させられる存在だからです。

これに対して，日本では鎌倉時代以降，「国人」（農村の有力者・武士）が，その地の住民を支配しつつも代表するものとして，またより上位の封建領主との関係も，一方的に支配を受けるというよりは「御恩と奉公」という，一種の互恵関係が基本となっていたと言えます。

一方で，横の情報交流は盛んで，よく言われる話ですが，給与の金額などは，口外無用と言っていても，あっという間に事細かに伝わると言われます。所得や教育などの格差と相まって，組織の中がウエハースのように階層化しているとイメージすると良いかもしれません。

また，中国には単なる学歴重視を超えた「賢さ崇拝」と言えるような価値観があり，それが背景となって，漠然と「だまされる方が悪い」という発想が共有されており，これが，様々な中国的な商慣習である価格交渉・信用・契約（不）順守の基調になっていることを理解しておく必要があります。

先に挙げたように，中国のニセモノ天国ぶりには，他の国・地域に例を見ないものがありますが，これも，この「だまされる方が悪い」という考え方が原因ではないか，と筆者は考えています。（逆に言うと，日本との比較で，中国におけるリスクと言われているものの多くは，実際には他の発展途上国でも多かれ少なかれ見られものです）

●組織よりも「関係」，楽しく仕事することを重視する中国人の仕事観

離職率の高さに悩む会社から，中国人従業員には帰属意識が欠けている，という声が聞かれますが，そうではないのです。単に，時間が３倍くらいの速さで流れている，と言えば実態に近いでしょうか。むしろ，転職をするようなス

タッフは一般に意欲があり，彼らなりに自己の能力を生かして貢献したいと思っており，また在職中は思い入れを持って仕事をしているものです。

ただし，中国人の帰属意識は，（日本人に比して）組織よりも，同僚などとの人間関係に向けられます。そして，「関係」を大事にする文化と相まって，会社などの組織を離れても，友人として付き合いが続くことがより多く見られます。

また，そもそも日本に比べて，和気藹々と楽しく仕事をすることを大切にする傾向があります。日本人の間では，仕事というのは，額にしわを寄せて頑張るものだ，という意識が暗黙の裡に共有されているのと対照的です。

（筆者自身，当初は採用・育成した人材の転職を大いに遺憾だと感じましたが，現在は，学校の先生のようなもので，卒業を祝うような心境になっています。また，そのような卒業生と連絡が続き，人や機会を紹介してくれることもあります。特に中国においては，関係が資産であるのを感じます。）

●要諦は日本と中国の良いとこどり

そして，こう言うと当たり前すぎて何ですが，「日本と中国は違う」，ということをよく認識することが，中国において日本企業のとるべき運営を考える際の要諦になります。

日本がどのような国であるか，日本人がどのような国民であるかというのは，一企業にどうこうできるものではありません。しかし，日本企業の中国現地子会社に，本社と日本の何を持ち込むかは，取捨選択することができます。

端的に言うと，自社と日本の優れたところを持ち込み，中国の有利な点（例えばまだまだコストが安い割に優秀な人材）を活用する，すなわち「良いところどり」をする，というのが基本的な考え方となります。（筆者は，米国企業の日本子会社において，米国と日本の悪いとこどりしたような，足を引っ張りあう悪しき成果主義のような企業文化を感じたことがあります。）

もちろん，状況は変化していくものであり，その時々の最適なバランスに常に留意していく必要があります。

このコンセプトを元に，日本企業の中国現地法人における，あるべき人材活用を考えてみます。

欧米企業のように，優秀だと分かっている人材を，高給でヘッドハンティングしてくることのできる日本企業は，一部の業界や状況を除いて，多くありません。むしろ，実務経験を積んだ人材に，転職されてしまっているケースが多いことでしょう。

事業会社においては，グループで一体的に運営していくことが，競争力を発揮する前提になる以上，人材への待遇についても，職種・役職に応じたある程度の水準があり，人材としてのマーケットプライスが，それを大きく超える人材については，引き抜かれてしまうのは仕方がないと言えます。

●人材の実力＝「能力」×「体力」×「動力（やる気）」

全ての中国人が，少しでも給与の良いオファーがあれば転職するというわけでは決してありません。給与はそこそこでも良いので，居心地が良く，やり甲斐もあり，社会に貢献できるようないい会社で，長く安定して働きたい，という人もまた大勢おり，むしろ多数派だと言えます。

そういう人材は能力もそこそこかもしれません。しかし，そもそも，優秀な人材とそこそこの人材とで，結果が100と０になる仕事などというのは，滅多にありません。（筆者の経験で言えば，難易度の高いプログラムで，予定期間内に組めるプログラマーは10人に１人，という状況はありました。）さらに言えば，求められる「優秀さ」も，仕事と状況によって大きく変わるわけで，客観的な評価は困難です。

ほとんどの仕事においては，優秀かどうかと同じくらい，やる気を持って熱心に取り組むかどうかが，成果を左右すると言えます。

少々話はそれますが，一流大学を卒業したスタッフが，ガンガン働いた揚げ句に心筋炎で長期休職せざるを得なくなったり，優秀な人材が仕事に飽きてしまって精彩を欠いたりするような状況を見るにつけ，人の実力というものは，「能力」×「体力」×「動力」だというのが筆者の感慨です。（能力体力は日中で同じ意味，動力は中国語でモチベーション・やる気の意味です)。能力は，生まれつきの才能も大きいですが，自分に合った仕事を選び，得意なことをさらに伸ばすことはできます。体力も，いつどんな病気になるかは予断を許しませんが，体調管理も重要です。動力（やる気）についても，マンネリやストレスはコントロールできない部分も大きいですが，自分で変化をつけたり，やり甲斐を見つけることのできる部分もあります。

●自社の理念・文化を体現した現地人材を登用する

話を戻して，多くの業界・企業において，能力を発揮できるような，モチベーションを高められるような環境というのは，能力のある人材を集めるよりも，さらに重要です。

そのキーポイントは，やはり企業理念や企業文化の浸透にあります。そして，企業理念のほとんどは，簡潔な言葉によって表されるものではなく，製品やサービスそのものに体現され，その背景として従業員の間で暗黙のうちに共有された企業文化によって支えられているものです。

従って，中国現地法人への導入として，文字の「企業理念」を中国語に訳して壁に貼るだけでは，全く不十分です。

現地経営者・幹部が，中国の人々，地域社会，経済にいかに貢献し，価値を提供しているかということを，実際に信じ，ことあるごとに「語る」ことができれば，大きな効果を持ちます。

また，より本質的には，駐在員や古株の現地管理職が，案件ごとや日常業務におけるディスカッションを通じて伝える，その企業の製品・サービスや運営の「あるべき姿」によって，浸透していきます。

そのような，企業理念に共感し，「○○ウェイ」「○○イズム」を体現したような現地の人材を，幹部に登用していくことが重要です。中国で成功している日本企業には，実際に昇進基準の中に，そのような項目を盛り込んでいる例があります。

さらに言えば，長く中国事業を経営していくと，中国人幹部の下で日本人が働くような場合も出てきます。心情的には複雑になりかねない状況ですが，企業理念・企業文化が共有された上司であれば，格段に受け入れやすくなります。

●業界・職種の相場と人材としての枢要性の両面から適切に給与を調整する

また，そもそも採用においても，その企業の文化により適合した人材を集める，という配慮があることが望まれます。

その一方で，人は理念のみによって生きることはできません。採用時に，欲しい人材をとれる給与で採用し，その後は一律昇給ということでは，同じ仕事でより経験が長いのに給与は安いといった不公平が発生し，いまさら見直そうにも「怖くて蓋を開けられない」，という状況に陥ります。いかに企業理念に共感していても，そのような状況で頑張って働けと言うのは無理があるというものです。

現地法人の人事制度の思想として，日本的な年功序列や長期雇用をベースにすることは，決して合理性を欠くわけではなく，特に企業理念・文化が浸透した状況において，より多くの人材に安定して働いてもらうのに寄与すると考えられます。

その一方で，常に他の外資や中国企業に引き抜かれるリスクがあり，業界・職種別の給与相場を参考にし，自社の保持すべき人材のレンジを加味した上で，毎年調整を入れることも重要です。営業部門について，業務内容はほぼ同じであっても，扱っている商材によって，相場が違うということもあります。なお，これまで給与相場の上昇は，毎年二桁で伸びてきましたが，ここにきて，多くの業界で一桁台に落ち着いているようです。

さらに，企業理念を体現していたり，重要技術を習得していたり，日中の情報伝達のハブになっているような，コア人材については，相場を乖離してでも，然るべき配慮をする柔軟性も必要になります。企業によって，原価に占める人件費の割合は異なりますが，人材によって事業の成否が決まる場合は少なくありません。リスクマネジメントの観点からも，コア人材については，保守的に（手厚めに）処遇しておくことが必要であると言えます。

●若手の優秀な人材にはキャリアプランを示す

多くの意欲ある若手の中国人にとって，目先の給与よりも重要なのは，キャリアプランを描けるかどうかです。

これまで経済成長の著しかった中国では，優秀な管理職の確保が大きな課題でした。経済が年間約10%成長している状況下では，おおまかに言って管理職も毎年約10%の勢いで増えなければならないという風に考えると，適切な経験を備えた管理職の絶対数がごく自然に不足しているということは感覚的にご理解いただけるでしょう。経済が急成長し，会社の業績も大いに伸びている状況では，日本の感覚ではかなり背伸びをしてもらって，管理職に任命せざるを得ない局面が多かったのです。

従って，若手でも能力があればどんどん抜擢されて昇進するチャンスがあるということであり，それはつまり，優秀だと自認している若者はそういうキャリアを描いているということでもあります。具体的には，30前後で「マネジャー」となりローンを組んで家や車が買えるといったところが典型的な目標でしょうか。（中国においては，男性は基本的に家と車を買わないとプロポーズできないため，切実な問題なのです。）

経済成長の鈍化に伴い，人材不足そのものは今後徐々に緩和されていくと思われます。しかし，新卒と，経験を積んだ管理者やエンジニアの給与水準には，依然として非常に大きな差があり，これは社会全体の貧富の差とも関連しているため，今後，差が縮まっていくかどうかはなんとも言えません。いずれにしても，中国においては，「経験」がより大きな価値を持っているのです。給与を調整していく必要がある，という観点からは，市場全体の給与水準の上昇とともに，各人の経験の蓄積による急激なマーケットバリューの上昇も，冷静に見極める必要があります。

そのような，社内での昇進・昇給の機会があり，技術や知識が習得できるような（すなわち人材としての価値が増すような）キャリアプランを明示し，できれば実際に成功例を社内につくり，またさらには日本への研修派遣や幹部教育を体系だてて導入することで，若手の意欲はかなり変わってきます。

また，中国に限った話ではありませんが，経営者が，業績が伸びて給与などの待遇が良くなる，というプランを示し，それを実現していくことで，モチベーションを向上させることは，勢いのある会社をつくるための要件であると言えます。

この点からは，ストックオプションなどのインセンティブプランを導入することも有効です。（日系企業の中国子会社は通常は有限公司であり困難ですが，親会社のストックを与えることは実務上可能です）。

通信機器は中国企業が世界をリードしていますが，華為と中興は，以前はほぼ同じような業容であったところが，華為の方が，社内のインセンティブの与え方がうまかったために差がついた，と言われています。

●社員旅行，忘年会，運動会などのイベントも積極的に実施する

もうひとつ，先述の通り，中国人は（日本人に比して）職場の良好な人間関係と，楽しく仕事をすることを重視します。そのような職場の雰囲気・環境づくりを，会社として支援することも重要で，費用対効果の良い人材の保持・モチベーション向上の方策です。

社員旅行，忘年会，運動会などのイベントも，（今の日本の若手の社員には面倒だと敬遠される傾向がありますが），中国のスタッフやワーカーは，素直に盛り上がり大いに楽しみます。

§5　中国事業を成功させる運営力の構築と維持

●サービス業も運営次第で中国市場でのシェアを獲得できる

サービス業全般は，競争力の源泉が，運営力やそれを支える人材にあり，中国でそれを再現することがより難しいと言えます。これが中国に限らず，海外売上比率が高くなっている企業はメーカーに多く，サービス業は国内型の企業が多い理由です。

しかし，逆に言えば，運営さえしっかりできたらならば，一定のシェアを獲得することは十分に可能だと考えられます。実際に十年ほど前に中国に進出し，展開が軌道に乗り始めているサービス業の日本企業もちらほら出てきています。

結局のところ，製造業についてもサービス業についても，中国において，然るべき「運営力」をどのように構築し維持するか，がポイントになります。

●当たり前の運営ができ，さらに「カイゼン」できる組織をつくる

運営力を構築し維持していくための要件は何でしょうか。

これは中国に限りませんが，運営力について難しいのは，そもそも何が強みになっているのか，明確でないものが多いことです。

ノウハウは，大きく人材に依存しており，それぞれの人材が会社にどれだけ貢献してくれているか，各人がどの程度のノウハウを習得しているのか，それらのノウハウにどのくらいの価値があるのか，といったことを計るのはほとんど不可能です。

優位インフラについても，いわゆるパッケージシステムやツールを導入して使いこなしたり，規程やマニュアルに当たり前のことを整理しただけでは，平均レベルを達成することはできても（それも非常に大切ですが），他社に無い強みにはなりません。

そのため，不良・遅延・クレームといった運営上の問題に対して，原因を分析し改善を図り，当たり前のことを当たり前にできるようにすることが有効です。また，（他社・他地域・他拠点と比べた）所要時間，在庫量，満足度といったベンチマークを活用して，さらなる向上を図るべきです。それにより，自然とノウハウが蓄積され，さらに優位インフラと呼べるものが構築されていきます。

このような「カイゼン」は，製造現場では当然の発想ですが，営業やアフターサービス，ロジスティクスや人事・経理などの一般管理領域にも当てはまるものです。「カイゼン」は，管理者によってのみ実施されるものではなく，より多くの従業員が，より効率の良い方法を考え，それを提案する（または汲み取る）ことが重要であり，そのような意識を持つことのできる組織づくり，人材活用が前提となります。

●価値ある情報・媒体はしっかりとプロテクトする

中国特有の事情は，強みとなるノウハウや優位インフラが，流出しやすく，マネされやすいことです。ノウハウは，人材引き抜きのリスクに弱く，いったん習得されると流出を防ぐのは困難です。優位インフラはものによりますが，全般にマネされやすく，例えばマニュアルや営業情報は，コピーされたらそれでオシマイです。（中国の反不正当競争法にも商業秘密として定義がありますが，特許や商標などの知的所有権ですらようやくという段階で，営業情報を法的に防衛するのは現実的ではありません。）

しかし，これらを流出するに任せているようでは，競争に勝つことはおぼつきません。特に中国においては，性善説に立たず，リスクが発現する可能性を低く見積もらず，競合に流出しては困る営業情報や，媒体化されたノウハウを含め，コピーされやすい優位インフラをきちんと認識し，適切なプロテクト手段を講じる必要があります。（実際に，顧客リストや設計図面を流して小銭を稼ぐという類型の不正はしばしば見られます。）

これらの情報の具体的な防衛手法は，先述の技術情報に準じます。

●ノウハウを生かす理念の流出を防ぐ

ノウハウについては，やはり人材のリテンションがカギとなります。

例えば，飲食業では，ノウハウを習得した人材は，比較的容易に自分の店舗を持つことができます。「鶏口牛尾」の成語の通り，独立志向の強い中国においては，そのような夢を持って業界に入る人も相対的に多いと言えます。

上海のパン屋の味は，ここ10年で格段に上昇しました。おいしいパン屋には，(技術習得を志す）就職希望者が多く来るため，それを安くこき使う，という状況もあるようですが，しかしそれでは，優位は長続きしないでしょう。

とある日本人オーナーの飲食チェーン店では，やる気のある従業員は積極的に，店長として共同出資で半独立させることで，Win-Winの関係を継続できるように配慮しているそうです。

近年急速に店舗を増やしている別の日系の飲食店チェーンについては，実は十数年前にも合弁で進出したことがあり，その際には，数か月で味が落ちて，撤退するという結果になったそうです。「お客に美味い○○を食べてもらう」という理念が，中方の出資者や従業員に浸透していなかったことが原因であると思われ，業界を問わず，企業理念がいかに大切か，ということを示しています。

本当に怖いのは，ノウハウを習得しただけではなく，企業理念まで理解した人材が，独立してしまうことです。そのような人が事業展開した場合，最も手ごわい競争相手になるでしょう。多くのメーカーにおいても，日系企業から独立して成功しているのは，すなわち彼らを育てた日本企業のシェアを奪っているのは，そういう人材ではないでしょうか。

この観点からも，企業理念を共有できる優秀な人材は，早い時期に昇格させ，然るべき待遇・インセンティブに配慮すべきであると言えます。

●ルールに企業の理念・在り方を織り込む

企業の正常な運営を支えるものは，「人」と「仕組み」です。規模が小さいうちは，マネジメントが全体を管理することができ，それがむしろ効率的ですが，規模が大きくなるにつれて，規程・マニュアルといったルールや，情報システムなどの仕組みによる管理が必要となってきます。

ルールというのは，正常な運営を担保し，違反を処罰できるようにしておくという，どちらかと言えば「守り」の存在だと思われています。実際，相当な規模になっているのに，規程類は埃をかぶっており更新されておらず，誰も見ていない，ということでは，大きな事故につながりかねません。

しかし，企業理念が表されたポリシー，当社の運営・サービスがどのようにあるべきかという考え方・在り方が織り込まれた規程，ノウハウを落とし込んだマニュアル，というように，企業の強みを仕組みとして定着させることのできるのもルールなのです。

特に，日本企業の中国現地法人においては，言語の壁があり，駐在員が担当者に「語る」こともなかなかに難しいため，規程・マニュアル類という文字に落とした形で徹底を図ることの必要性はより高い一方で，やはり子会社であるので，組織の拡大に，ルールが追いついていないことも少なくありません。

ルールに関して望まれる状況には，以下が挙げられます。

- （基本）全体的な事項・主要な業務プロセスについて基本的な規程が中国語で存在する
- （基本）業務がおおよそ規程に沿って実施されている
- （中級）規程類がイントラネットなどに掲載され，従業員が広く閲覧可能になっている
- （中級）規程類が定期的に見直されている
- （上級）ルールの管理ルールが存在する（ルール階層，責任部署，制定・更新に係る承認，定期見直しなど）

- （上級）重要な業務について，より詳細なマニュアルが作成されている
- （上級）規程・マニュアルに，会社の強みが体現されるよう配慮されている

実務に合わせて規程を見直す，というのは，現実に合わせてルールを緩めるべきか，逆に厳しくすべきか，順守できる合理的なルールはどのようなものか，といったことを検討できる組織体力，管理者の意識の高さが必要となります。これは，上述の「カイゼンのできる組織」の要件と類似しています。

なお，中国においては，ルールが中国語で策定され，従業員に周知され閲覧可能であることが，労務実務の観点から重要です。これが満たされていないと，違反を問うことが難しくなります。

●新たなIT技術活用モデルで他社に差をつける

情報システムというのは，現代の企業運営にとって，基本的なインフラです。日本企業の中国現地法人においては，子会社であること，ITの専門家が駐在していないことなどから，規模に応じたITインフラの導入がされておらず，明らかに費用対効果の高い投資も行われていない場合が少なくありません。

用友や金蝶など，メジャーな中国製のパッケージシステムは，機能が充実している割にはかなり安いですし，またスクラッチ開発の費用も，日本に比べるとまだまだ相当に低く抑えられます。その一方で，日本企業としては，なるべくグループ共通のインフラを整備したいというのが，ひとつの悩みどころです。(欧米系大手パッケージソフトウエアのシステムエンジニアは相対的に逼迫しており，日本並みの金額になることもあります)。

また，ITはうまく活用することで，競争力を格段に強化することができる潜在性を持っています。先に挙げた，コンビニ業界のビッグデータ分析もその一例です。

建機におけるGPS情報を活用した盗難防止や信用管理の手法は，中国で最初

に本格的に開発・導入されました。中国はIT大国で，インターネットやAppsの活用では，世界の最先端を行っている領域も少なくありません。中国事業発の新たなIT活用モデルで他社に差をつける，という方向もぜひ探っていきたいところです。

なお，（元システムエンジニアの筆者としては），ITへの投資は，他の多くの領域と異なり，いくらかけたらいくら効果がある，というものではなく，着眼点次第で，少ない費用で非常に高い効果を上げることもできる一方で，高い投資をして平凡なシステム導入となることもある点に，注意を喚起しておきたいと思います。

【注】

※１：例えば「improve the lives of millions of people through technology」「Think different」などが知られています。

※２：ノウハウ，技術（情報），営業情報といった語には，定まった定義は無いそうです。ノウハウには，一般的には技術情報，場合により営業情報を含みますが，本書では，競争力の由来という観点から，ノウハウとは，「日常の業務運営を通じて蓄積された手続き的知識で，見学や訓練によって他の人も実践できる，より優れたやり方」としています。もちろん製造に関わるノウハウもあるわけですが，特許等は申請できないようなもので，その取得は意識的に促進された結果であることもあれば，自然と蓄積されることもあるという理解です。「技術」は，やはり語感としてモノづくりのための技法であり，通常は意識的にその取得を目指して開発され，特許・実用新案を申請できるようなものでしょう。また，維持・防衛の観点から，「ノウハウ」は属人的で媒体化されていないもので，媒体化されたものは「営業情報」に含まれるものと考えています。

※３：雑誌PRESIDENT 2015年12月号の記事「日本人の給料」より。職業別平均年収，１位　内閣総理大臣，２位　プロ野球選手，３位　国務大臣，４位　事務次官，５位　警視総監，６位　国会議員・・・との内容が，中国語で紹介されていました。

※４：1990年代初頭に経営者・管理者を対象に行われたアンケート調査において，「企業の所有者は株主である。株主利益が最優先されるべきである」という命題と，「会社は利害関係者全体の長期的利益を増進するために存在する」という命題それぞれに対し肯定的な回答をした経営者・管理者の割合は次表の通りであった。（菊澤研宗「比較コーポレートガバナンス論」）。

	米国	ドイツ	日本
株主	76%	17%	３%
利害関係者全員	24%	83%	97%

第4章

中国における販売チャネル別管理の要点

インターネットを通じて，中小企業がその製品を，五湖四海（全国の津々浦々）に売り届けるのをサポートすることができる。（将可通过互联网，协助中小企业把产品卖到五湖四海）

馬雲（ジャック・マー）

§1　代理店販売

代理店販売は，多くの日系企業の中国事業で一般的な販売チャネルですが，これがまた，実に奥の深いものがあります。

代理店を介すことによって，中国式のベタな取引を中国企業・個人・政府機関と直接行う必要が無く，キレイに商売ができる反面，代理店と元売りの利害が完全に一致することは有り得ず，どのように代理店をコントロールするか，どのように代理店から情報を得るか，ということに，常に配慮していく必要があります。

●代理店網進化モデルのどの段階にあるか

中国事業の草創期には，中国に自社の拠点は無く，中国全体に対して代理店1社，というような状況からスタートした会社も多かったのではないでしょうか。代理店展開の最初の形態は，一般に，少数の代理店と取引を始め，より広範な地域を任せるというものです。この段階では，代理店に「売ってもらう」という力関係であり，有益な情報はほとんど代理店に握られてしまいます。代理店の先の販売価格を共有してもらえず，代理店にいくら利益が落ちているかも分からないことがしばしばです。

その次の段階は，こちらがコントロールできるような，より小規模な代理店を多数展開することになります。それにより，望ましい売り方をしてもらいやすくなるとともに，販売価格・在庫量・最終顧客など，さまざまな情報がとれるようになります。

しかし，多数の代理店を管理し，面倒を見ていくのは，大変な労力を要します。そこで，信頼関係ができ，体力・経営力があり，事業にコミットしてくれているような代理店に集約する方向に入ります。業界によりますが，地域間の分担の分かりやすいところで，１省１代理店くらいに落ち着くことが多いようです。

図表16　代理店網の進化モデル（イメージ）

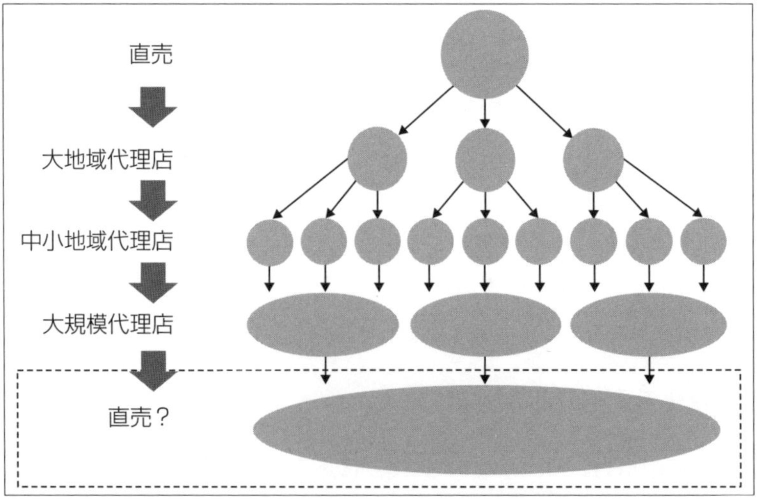

（出典：筆者作成）

なお，業界・地域により，代理店が複数メーカーの製品を並売することがスタンダードになっている場合があります。並売であれば，後発のプレイヤーにとっては参入しやすい面がある一方で，代理店の交渉力が強くなり，競争が激しくなりやすく，自社独自の販売戦略を浸透させることが困難となります。

マーケットリーダーであれば，やはりなるべく専売の代理店網を展開することが，優位を発揮しやすくすると言えます。以下では，専売を前提に，特に中国地域における代理店管理のベストプラクティスを検討します。

●サプライチェーンの重要な構成要素として必要な情報を代理店から入手できているか

日本企業の多くは，「だまされる方が悪い」という中国の商習慣になじめず，特に自社と共同戦線を張っているはずの専売代理店は，契約を順守するもの，信頼関係を尊重するもの，と漠然と期待してしまっている傾向があります。

しかし実際には，代理店には，正確な情報を伝えず，契約を守らない多くの動機があります。例えば，特定の期間達成リベートを得るために，正規の代理店でない会社（シャドーディーラー）への押し込み販売，代理店間の貸し借り，単純な水増しなどを行うかもしれません。

こういった事態による最も深刻なリスクは，サプライチェーン全体を通じた，本当の「売れ行き」が把握できないことにより，誤った製品開発計画や生産計画が立案されてしまう可能性があることです。さらに，そのような販売によって，製品が値崩れを起こしたり，正規でない販売店によって望ましくない販売方法がとられることなどによって，ブランドイメージが傷つく場合もあります。リベートがより多く支払われる，という短期的な金銭面の損失は，全体のダメージのごく一部だと考える必要があります。

代理店における，本当の販売数量や在庫数量というのは，正しく入手すべき最も重要な情報です。代理店からの情報の入手や，代理店が順守すべき義務について，あまり心配する必要が無いという企業は，多くの場合，代理店の存在と力量を有効に活用できていません。この進化モデルで言うところの，初期段階にとどまっている可能性が高いのです。

代理店管理の到達点は，自社のサプライチェーンの不可欠な一環として，有機的に組み込むことであると言えます。

従って，代理店への在庫の押し込みであっても，季節変動の計画に基づくような健全なものや，そうでなくても，サプライチェーン全体で在庫が溜まっていることを把握し，減産などの対策をとった上で実施するような，痛みを分かち合う性質のもの，端的には押し込みであることをよく理解した上での押し込みは，状況により選択肢となります。しかし，その前提として，代理店に対応する余剰資金があることが把握できていなければなりません。

●代理店に適正な利益を落とせているか

代理店の損益・資金，またその構成要素である個々の取引における粗利の状況も，把握すべき情報として非常に重要なものです。

代理店をコントロールできるための要件は，Win-Winの関係を構築できているか否かであり，それは，端的には，多過ぎもせず少な過ぎもしない利益を代理店に落とすことができるか，ということに集約されます。

かつては，市場を把握できておらず，代理店に大儲けさせてきた日本企業も少なくありませんでした。それでは，会社の利益を損なっていると言えます。今はどちらかというと，代理店に赤字を出させて倒産させてしまっているような状況が散見されます。

中国では，信用管理がひとつの鬼門ですが，代理店の信用管理で苦労しているというのは，本来の姿ではありません。本当にお金が無くて払えない，と言う状況は，上述のように，代理店に適正な利益が出るように価格設定し，適切な与信期間を付与し，過度の押し込みなどをしていなければ，基本的には発生しないはずです。オーナーが，儲けを他の事業や個人的な何かに使ってしまっていたり，お金があるのに払ってこない，という状況が発生するようでは，適切に代理店をコントロールできていない，と言えます。

近年，代理店が債務不履行を起こすような状況が増えていますが，その原因としてよく見られるのが，代理店としての本業は黒字であったにも関わらず，経営者が不動産などの他の商売に資金を流用して失敗したような状況です。代理店契約を締結する際に，当社の製品を扱う専門会社を設立させ，その資金については，他の用途に転用してはならない旨，定めることが望まれます。（それが結局は代理店オーナーのためにもなります）。

また，代理店から，担保や保証金をとることもできますが，担保は実際に権利を履行して物件を売却することがかなりの手間になりますし，保証金については，その部分について与信を与えないのと変わらず，代理店を使うことによる販拡効果が削がれてしまいます。

●代理店管理の要点…

（１）情報収集・提供の仕組み

（２）利害関係がなるべく一致する契約関係

（３）モニタリングの仕組み

（４）不正リスクの管理・抑制

代理店網を然るべきレベルで活用できるためには，さまざまな情報を代理店から収集する必要があり，また利用できる在庫・供給予定量，販促プログラムなど，いろいろな情報をこちらからも提供する必要があります。そのような収集・提供すべき情報が定義され，それを支援するためのシステム等の仕組みを整備することが必要です。

また，代理店との契約関係について，なるべく利害関係が対立する条件が少なくなるように工夫することが望まれます。例えば，達成リベートなどについては，条件・方式次第で虚偽の申告の起こりやすさが変わってきます。

利害関係が一致せず，契約を順守しなかったり，正しい情報を伝えない動機がどうしても発生してしまう事項については，重要度に応じた，然るべきモニタリングを行うことが適切です。例えば，業界により，フロア（在庫量）チェックや，販売方法・広告宣伝活動・ブランドイメージの向上などに関するさまざまな取り決めの順守状況のチェックを行う，専門のチームが社内に存在したり，外部委託されています。

当然ながら，モニタリングの結果で問題があった場合には，然るべきペナルティが課される必要があり，その前提として，ペナルティを課されたくない，代理店契約を解除されたくない，と思わせるだけの利益が代理店に配分されていることが条件となります。

広い意味では利害の不一致に含まれますが，代理店も様々な不正を行う可能性があります。例えば，売れ筋商品の割り当てやリベートの配分を狙って，営業部門の管理者・担当者に過剰な接待を行ったり賄賂を出したり，最終販売先に応じて，価格や値引きを大きく変えている場合には，商品を横流ししたり，メンテナンス部品について，非正規品を使用したりする場合があります。これらの不正リスクについても，なるべく契約条件とモニタリングに織り込むとともに，不正リスク抑制の手法を代理店にも適用していくことが望まれます。

●直売で展開することが成功のカギとなることも

このような精緻な代理店管理を行うくらいなら，むしろ直売で展開した方が楽なんじゃないか，と思われた方もいるでしょうか。

直売というのは，ある意味で販売網の最終形態です。同じ業界で，代理店で展開する他社が苦戦する中，直売で展開したことが成功のカギであったという企業や，日本では代理店制であるが，中国では直売を展開している，という企業もあります。他に大きな問題が見当たらないにも関わらず，中国事業が伸び悩んでいる企業にとっては，検討すべきオプションかもしれません。その場合，もちろん，既存の代理店網とのコンフリクトをどのように回避するか，という課題はクリアしなければなりません。

また，直売は，自前の販売拠点の設立，営業担当者・管理者の採用・育成など，大きな投資が必要となり，状況が変化した際には，逆に足かせとなる可能性もあります。

しかし，それを考えるならば，代理店網の構築にも，相当な社内の労力や代理店側の投資が必要となります。直売に比して，総投資額が少ないとは必ずしも言えません。代理店による投資は，外部のお金であるので失敗してもよい，という発想には問題があります。自社にコミットしてくれる，代理店や仕入先は，競争力を支える重要な優位インフラであることを認識すべきです。

一般論としては，注文が細かくなる性質の商材である場合，中国の政府機関や国有企業など直接対応の難易度が高い顧客の場合，自前の販売網を展開する体力が無い場合，などには代理店販売を選択することになります。

●販売補完機能のネットワークも適切に展開する

代理店網を展開・発展させるとともに，技術営業，カスタマーサービス，アフターセールスサポートなどの機能を展開することも，非常に重要になります。いずれも，顧客満足度を高め，マーケットについて代理店網から入ってくる情報を補完し，開発へのキーとなるフィードバックを得られる大切なチャネルです。アフターセールスについては，収益面でも重要になる業態が少なくありません。

これらの機能についても，代理店での展開とするか，自前で展開するかを選択することになります。

§2　直接販売

部品・素材メーカーについては，その製品を需要する企業に直接販売するのが基本でしょう。中国企業・台湾企業へ販売している場合は，中国式の商慣習に悩まされている日本企業も多いものと思います。また，欧米企業や韓国企業も，そのあたりのオペレーションは，かなり現地化が進んでいる場合があります。（逆に，非日系を開拓できていない日系企業については，本節を参考に，ぜひチャレンジしていただきたいものです。なお，本節では対企業の直売を扱います。消費者への直売は次節をご参考ください。）

こういった，中国の商習慣の理解や対応は，需要家への直接販売以外にも，小売店・量販店やコントロールできていない代理店への販売，さらにはオフィス・工場や店舗の大家，仕入先・業者などとの交渉にも通じるところがあり，参考にできるでしょう。

●中国式の価格交渉は特有の商習慣として理解する

企業間の取引において，日本でも価格交渉は行われますが，多くの場合，１～２割くらいしか値引きの余地が無いような価格を最初から提示するのに対して，中国においては，言い値では，1.5倍～２倍くらいから交渉がスタートするのがむしろ普通です。最初から値引きのできない価格を提示すると，交渉相手の面子をつぶすことになりかねません。

その一方で，日系企業の現地法人は，購買部門がある程度現地化していることもあれば，全く現地化していないこともあり，大幅に値引き余地のある金額で出すと，そのまま交渉無しで切られてしまったり，逆にそのまま採用されてしまうこともあるのが難しいところです。

これは，購買する側としても同様で，中国式の価格提示に対しては，粘り強く交渉しないと損をしますし，（日本企業である場合には）日本式の価格提示に対しては，極端な交渉は，（中国には日本の下請法に相当する法令はありませんが），下請けいじめになりかねません。

このような商習慣による価格交渉の手間暇は，社会的にはコストになっていると思われますが，個々の企業としては，儲ける機会を逸しないためには提示する価格，高い買い物をしないためには提示された価格の中身をよく吟味しなければなりません。

多くの日本企業は，中国事業においても，原価に対してそこそこの利益を乗せて価格を決定し提示していることが多く，端的には，顧客がより高く買う意思があっても，それを探る努力をしておらず，儲ける機会を逸している場合が多い，と感じます。

（一方で，前章で言及した通り，浮利を追わず，顧客が求める品質の製品・サービスを淡々と原価プラスアルファで提供する企業が，最も長寿を享受できる，という可能性が示されており，中国市場においても，最終的にはそれが当てはまる，という理論上の可能性はあるかもしれません。）

●過去に遡った交渉には，合理的に対処する

また，中国においては，状況が許すようであれば，過去に遡って交渉されてしまうのも留意すべきポイントです。例えば，国内販売であれば，金額については発票（増値税専用発票）が発行されて確定するので，さすがに再交渉されることはありませんが，保税販売の場合には，年度を遡って，既に納入済みの商品に対して値引きを要求されたり，国内販売であっても，「前回の注文に対して支払って欲しければ，今回の注文の金額をいくらにしてくれ」，というような，抱き合わせの交渉になることがあります。

これについては，現地の習慣に合わせるばかりでなく，合理的に将来の条件のみを対象として交渉するように要求してよいものと思います。

商習慣にも，一概に有利不利を論じることのできないものもあれば，客観的に不合理で，改めていくべきものもあり，これは，後者に属するものと思われます。

●中国では債権は延滞するものであり，その見込み期間の利子相当分を予め価格に上乗せする

中国における信用取引の実務が，日本と大きく異なることはよく言われていますが，中国で勤務したことのない経営者・管理者にはなかなか体感的に理解されないところです。

「金を貸す馬鹿・返す馬鹿」，という表現すらあるくらいで，現金を持ってい

るものが強い交渉力を持つという考え方や，なんだかんだ理由をつけてどれだけ支払いを延ばせるかが財務部門の腕の見せ所，といった概念があり，先方にお金があるにも関わらず，期限通りに払ってもらえない，ということが，中国においては頻繁に発生します。(「日本では２回不渡りを出したら倒産ですよ」と現地の人に言っても，怪訝な顔をされます。)

信用を付与しない，というのは，代理店相手であれば可能ですが，手元資金が豊富な代理店候補は限られてくるため，既存代理店からの販売伸長や，新規代理店の設立が遅くなってしまいます。

直売で，信用を付与しない，という選択ができるのは，よほど製品に強い競争力がある場合に限られます。多くの業界では，得意先の要求に応じて，同業他社と同程度の信用期間は，呑まざるを得ません。つまり，そもそもどのくらいの信用期間を付与すべきか，というのは，価格と同じで，売り手と買い手のバーゲニングパワー（実力・状況に基づく交渉力）によるのです。

問題は，約束された信用期限の通りに支払ってこない顧客が多いことです。これに対する適切な対処法は，既存顧客であれば過去の実績などに基づいて，新規顧客であれば保守的な推測に基づいて，信用期間を超過する見込み期間に対する利子相当額を，価格に上乗せする，というものです。(逆に言えば，中国では仕入先への支払いを遅らせても良い，と思うのは誤りで，中長期的には，その分のコストが，購買価格や品質に跳ね返ってくることになるわけです。)

日本では，（金融業以外では）このような発想をする必要はまずありませんが，中国で中国式の取引を行う場合には，予め信用超過期間を予測し，価格やキャッシュフロー計画に反映させる仕組みを整えておくことが望まれます。(債権が期限通りに回収できることを前提にキャッシュフロー計画を組むと，資金ショートしかねません。)

●中国における信用付与の実務…２つの限度額ライン

中国での信用管理における，より大きな問題は，期限通りに支払いをしてこない顧客の中に，本当にお金が無くて払えない顧客が混じっているかもしれない，ということです。

対応としては，やはりまず与信限度額の設定を行うことが基本です。

中国で設定すべき与信限度額というものを考えると，２種類のラインがあることが分かります。ひとつは，顧客ごとの与信限度額ですが，顧客の信用力・信用状況に不安がある場合には，そもそも信用を与えるかどうかを真剣に検討する必要があります。

信用を与えるのであれば，その金額については，理論的には顧客の規模（資産・資金・人員など）に見合ったもの，ということになりますが，（変に無理していたり，横流しの懸念などが無ければ）端的には，顧客の需要量，代理店であれば販売するつもりで申請してきている金額を与信として付与することになります。

また，信用期間については，①顧客・代理店がその業態において資金を回収までに必要とする期間，②同業他社とのバランス（代理店であっても，競合が代理店に付与している信用期間は考慮すべきでしょう），が目安になります。

もうひとつ存在する与信限度額のラインというのは，これを超える金額が焦げ付くと，会社（現地法人）の屋台骨が揺らぐ，という金額です。これについては，どうあってもその金額を超えないようにすることが，リスク管理として求められます。（要するに，リスクポートフォリオ管理ですが，想定デフォルト率とエクスポージャーというような高級な計量を一般業界の現地法人で行う必要は無く，個々の債権がそのライン（金額）を超えないようにする，という管理ができれば十分でしょう）。

与信限度を超過したら即時に出荷を停止する，というのは現実的ではないので，実際には，与信限度額を超過した後，督促を経て，出荷停止を決断するまでに累積するであろう金額が，このラインを超えないようにする必要があります。

●中国における信用管理の最重要ポイント…出荷停止の決断と，その前提となる督促管理

中国で大きな焦げ付きを発生させた会社の反省は，大口の得意先の延滞に対して，書面による督促が行えておらず，そのような事前の督促も無しに出荷停止するわけにもいかず，ずるずると出荷を続けた結果，相当な金額になってしまった，というものです。

大口の得意先に出荷停止するというのは，その後の販売機会を失う可能性が非常に高く，ただでさえ難しい判断である上に，書面での督促を行わずに出荷を止めると，ライン停止による損害賠償を求められることも有り得ます。

というわけで，中国における信用管理で最も重要なのは，然るべきタイミングで，然るべき督促を行うことです。具体的には，「いつまでに入金が無ければ，契約書に基づき出荷を停止する権利を有します」というような内容の督促状を送った上で，その「いつまで」がきた時点で，本当に出荷停止するか否か，を判断することになります。その判断は，金額によっては現地法人の責任者ではなく，本社の役員・役員会になるでしょう。（現地法人の責任者が，そのような重大な金額の経営判断を抱え込んで悩む，というのは正しい姿ではありません。適時に上げること，そのための仕組み・決まりが定まっていることが重要，ということです。その上で，出荷を続ける／止めるという決裁があったならば，その結果は，本社の経営陣が負うことになります。）

繰り返しになりますが，中国で日系企業以外に販売を展開できている場合，督促をしなければならない状況というのは，少なからず発生します。その多くは，単に支払いを遅らせてきているだけですが，その中に，実際に信用状況が

悪化した得意先があるかもしれない，というリスクを常に念頭に置く必要があります。

営業部門は，得意先との良好な関係維持に常に心を砕いているはずであり，そこからきちんと督促させるというのは，内部統制の観点からも不自然です。例えば，入金遅延一ヶ月以内に営業部門がメールまたは電話で督促を行い，入金遅延２ヶ月で「例外なく」管理部門が書面による督促状を発送する，というような手続きが考えられます。（その場合，先述のどうあってもこれを超えてはまずい金額の３分の１が，共通の最大与信限度額になるわけです。）

図表17　中国におけるあるべき信用管理のステップ

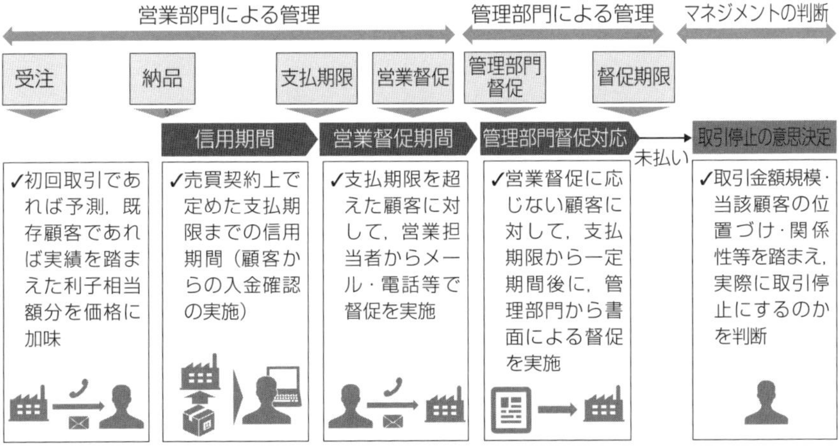

（出典：筆者他作成）

なお，信用保険を利用している日本企業も，少数ながらあります。これも信用リスク管理のひとつの手法ですが，保険というのは，結局のところ，リスク（の金額）を超えるリスク回避料を払う，という性質のものであり，費用対効果をよく考える必要があります。例えば，先述の「２番目のライン」を超える金額に対しては，信用保険を付与する，というのは，効果の高い活用法であると言えるでしょう。

●強みを実現できる営業人材・営業組織づくり

直売においては，自社で営業マンや営業管理職を採用・育成し，製品・サービスの良さを浸透させ，企業理念に共感してもらい，第２章・第３章で見てきたような，自社の強みを中国で実現できる人材・組織づくりをしていく必要があります。

このような努力は，実際には代理店展開における営業組織にも必要であり，さらには代理店に浸透を図るべき部分もあります。

しかしやはり，強みを実現するためには，直売の方が適しており，逆に言えば，人材・組織づくりがうまく行かなければ，より大きな重荷を背負い込むことになります。

販売組織の不正というのも，中国においてよく見られるトラブルのひとつです。

また，商業賄賂についても，理論上は代理店・エージェントを通じた提供も問題ですが，やはり自社で実施してしまうと，格段にリスクが高くなると言えます。

§３　リテール販売

リテールと言えば，小売業や飲食業が連想される典型的な業界でしょう。今後の中国経済の主役となるサービス業において，日系企業が中国で中長期的に業績を伸ばすことができるのか，というのが本書のひとつの大きなテーマです。

EUは，市場としての一体化が進み，例えばスーパーのテスコ（英）・カルフール（仏）や，アパレルのH&M（スウェーデン）・ZARA（西）といった，多くの小売業が国境を超えて展開しています。英国のEU脱退によって，税制の変化などが懸念されていますが，英国と大陸EU諸国が，企業にとっての市場として，今後大きく異なるものになるとも考えにくいでしょう。

米国企業で言えば，コカ・コーラやマクドナルドはグローバルブランドで，中国や日本でも広く受け入れられている一方で，ウォルマートなどは苦戦しています。

アジアは従来，国別のマーケットという色彩が強く，特に中国は法規制・商習慣などさまざまな面で，独特の領域でした。しかし，経済発展に伴って，中国の中所得者層は大幅に増加しており，インターネットの発達や文化交流も伴って，先進国により近いマーケットになっていくという大きな流れは揺るがないでしょう。

サービスについても，日本国内向けのものが，中国においてもほぼそのまま，または多少のアレンジで通用する場合も増えてきていると言えますし，今後ますますその傾向が強まると考えられます。また，消費者の嗜好や概念には，もともと欧米に比して近い部分もあります。

グローバルには展開していないが，中国・東南アジアには展開する，というサービス企業は，今後増えていくように思われます。

●やるべきことをしっかりやる…日本式と現地化の最適なブレンド

実際に，いくつかの小売業や流通業の日本企業に話を聞いたところでは，第２章で言及したように，やはり「やるべきことをしっかりできている」場合には，それなりの業績を達成できているようです。この，「やるべきこと」は，なんでもかんでも日本式を徹底する，ということではなくて，良いサービスの本質はしっかり守りつつ，一方で，現地化すべきところも見極めていく，ということの両方を含むので，簡単ではありません。

ひとつの例として，多くの中華料理の名店は，特に中秋節の月餅，その他にも端午節の粽（ちまき）や清明節の草餅など，季節折々の特別商品の販売が，かなりの利益をもたらしています。日本料理店でそれらを出すのは，多くの場合，守るべき何かに反するでしょう。

しかし，ハーゲンダッツはアイスクリーム月餅，スターバックスコーヒーではコーヒー味月餅を売り出し，目新しさも手伝って，大変な人気を博しています。（特にハーゲンダッツは，企業内部の従業員福利や贈答用に売り込み，一説では１年の利益の半分以上を中秋節で出していると伝え聞きました）。日本料理店も，抹茶味の月餅ならどうでしょうか。（抹茶は，日本風だと認識されています。）

完全に現地化しては，差別化要因が無くなってしまい，強烈な価格競争にさらされます。企業としての経営理念，アイデンティティ，強みを保持した上で，それにプラスアルファで，現地の消費者の心をつかむアレンジやアピールができる，というのが理想形です。

ところで，「お客様は神様です」(※1) という発想は，従来の無愛想で偉そうな中国の服務員というイメージからは意外に思われるかもしれませんが，実はむしろ違和感がありません。

「海底撈」という火鍋のチェーンがあり，徹底的な顧客尊重のサービスを売りにしています。筆者自身，そこで開催された飲み会で，（確か新人紹介か何かだったと思いますが），ホールで声が通らないもので，言うだけ言ってみようということで，マイクを所望したら，店員が本当に電池式のハンドスピーカーを持ってきたことがありました。さすがに手短に済ませましたが，周りの客も文句を言うわけでもないのがまた中国らしいところです。

皆がワガママであることが前提になっているので，他人のワガママに寛容であり，売り手有利がひとたび買い手有利に変わると，極端なくらい顧客本位の発想をするところがあります。サービス業については，優位な文化的特性があると言えるかもしれません。

●中国の消費者保護もかなり進んでいる

2014年３月より，更新版「消費者権益保護法」が発効しており，消費者保護を促すとともに，サービスやネット販売等の現代的な形態に対応した内容が盛り込まれています。

主なところでは，7日間のクーリングオフの対象がほぼ全ての商品・サービスとなったこと（※2），消費者協会が公益訴訟を起こすことができること，精神的損害についても賠償を請求できること，耐久性商品については，商品・サービス受領後6ヶ月以内は，経営者側に品質に問題が無かったことの証明責任があること，個人情報保護に係る要求が盛り込まれたこと，などが新たな要請です。

また，CCTVが毎年，消費者の日（3月15日，国際消費者権益日）に特番（3.15晩会）を組み，消費者への対応に問題があるとされる様々なケースを取り上げており，近年では，品質不合格品の販売，過大な修理費用の請求，食品の賞味期限の変更，経営資格の無い飲食店などが扱われ，注目を集めています。（外資有名企業の取り上げ方がセンセーショナルであったため，「外資叩き」とも言われ，そのためか，一昨年あたりから，多少トーンを調整しているようです。）

ちなみに，ここで取り上げられた某日本企業は，全国放送で大きく扱われたとして，むしろポジティブにとらえたものです。なお，即日ホームページに，速やかに調査し真摯な対応を行う旨表明するという，危機管理の観点でも模範的な対応をしました。

上海では，東方都市広播（FM89.9，AM792）の「渠成熱線（ホットライン）」というラジオ番組（毎週月～金，10時～11時）があり，華東地区で広く聴かれています。企業の対応に不満を持った消費者と，企業のカスタマーサービス・アフターサービス窓口を直接電話でつないで，番組司会者が，基本的に消費者の側に立ち，企業の対応を糾弾する，という内容ですが，法律専門家なども登場し，場合により消費者の側が説得されることもあります。

消費者向けの製品を製造販売しているメーカーは，製品保証・製造物責任に関する状況が気になるところでしょう。

中国における，生産者・販売者等の消費者に対する責任として，「三包」が知られています。三包とは「修理」「交換」「返品」を指し，直接的には「部分商品修理・交換・返品責任規定」に基づいて「三包実施の部分商品目録」に記載された18種類の製品について，保証期間内は，消費者の不適切な使用・保管が原因である場合を除き，無償で修理することが企業に求められています。

これについて，企業が指定した修理拠点・修理業者以外で修理すると無償の修理が受けられなくなる，保証期間は発票の発行時から起算し，発票などの伝票を保管しておかないと修理が受けられない，２回修理しても正常に使用できない場合交換する義務があるが，意外と消費者には知られていない，など企業に有利とも言える運用が行われてきました。今後はより消費者側に立った対応が求められてくる可能性もあります。

また，製造物責任（PL）については，「産品質量法」に，障害をもたらした場合や死亡させた場合に対する賠償が定められています。

これらの消費者保護や品質に関する要請の高まりは，相対的に，高品質の製品・サービスを提供することを旨とし，またその能力のある日本企業にとっては，競争優位につながるものと言えます。

日系を筆頭に，外資の自動車メーカーは，たびたびリコールを実施している(※3)一方で，中国自主ブランドメーカーでは，ほとんどリコールの実績がありませんが，それを品質に問題が無いからだ，と信じている消費者はいません。

●店舗運営の留意点①…店舗に関わる商習慣をよく理解する

中国において，店舗を展開する形式のビジネスについては，これまた留意すべきリスクや中国の商習慣の多いところです。

まずひとつの大きなリスクは，店舗の賃貸に係る家賃です。中国では，よく流行っている店が，突然閉店したり，移転することがよく見られますが，その多くは，家賃交渉が決裂したことによります。（良いお店ほど消えていくので，本当に残念です。）

中国における賃貸契約は，１年～長くても数年で，かつ更新時には，大家は，店舗が儲かっていればいるほど，その推定利益に応じた，しかし移転をせざるを得ないほどではない（と予想した），家賃の値上げを求めてきます。

そのため，「まるで，大家のために事業をしているようだ」，というのが，中国で店舗型のサービス業を経営する日本人・日本企業の共通のぼやきです。できれば，５年間くらいの長期契約を締結したいところで，実際にそのような契約を締結できる場合しか展開しない，としている飲食企業もあります。

ショッピングモール等のテナントについては，（テナント料とは別に）いろいろな名目で費用を請求されます。これもまた，儲かっていると推定される部分に対して請求されることは同じですが，過去に遡ってくるのが，余計にタチの悪いところです。（こういった，過去に遡った費用請求は不確実性を高め，商習慣としては合理的でないと考えられますが，その一方で，実質的に利益の出ているところから徴収する，という機能を果たしているとも言えます。いずれ何らかの規制が入るのでは，と思いたいところですが，消費者とは異なり，当面は頼るべき法令等が無い状況が続くでしょう。）

家電量販店の売り場についても，（かつて日本でも問題になったような）販促支援の強要や，各種の費用請求が見られるようです。

●店舗運営の留意点②…自社の商法の適切な現地化度合いを見極める

逆に，中国において，不動産業・ショッピングモール経営を行う日本企業については，どこまで現地式にがめつく家賃交渉・費用請求をするか，というのが検討課題でもある，ということです。（例えばカルフールは中国において利益が出ているが，その源泉は業者に対する各種の費用請求だと言われています。）

店舗展開には，多くの業界規制やコンプライアンスの問題もついて回ります。

中国では，バーは，形式上常にレストランの一部・併設という形式をとっています。バーだけを単独で設置すると，税率がかなり高くなってしまうからです。

また，営業許可がなかなかおりずに，他業界の企業の名義で，飲食店を展開する場合も見られます。2016年５月より，飲食店の発行する発票も増値税発票に切り替わり，多少の混乱はあったものの，今は落ち着いています。「(今日は）発票を発行できません」と言われれば，本当に用紙を切らしていたり装置の不具合ということも有り得ますが，おそらくは営業許可を得ていないか脱税，「発票は後から郵送になります」と言われれば，これも営業許可が変則的だと連想されます。

コンビニでは，酒・タバコが利益を大きく左右する重要商品ですが，つい最近まで，外資企業では扱えなかったため，VIE（変動持分事業体）の形式で，中国人オーナーに店舗を展開してもらう，という手法がとられていました。

消費者権益保護法は，サービス業にも大きな影響を与えています。スーパーの女性客に対して窃盗を疑った警備員が拘束し，罵り，身体を探ったということで，90万元の精神損害賠償を命じる判決が出ています。

また，消費者権益保護法以前にも，レストランで現金を盗まれた消費者に対して，約半額の補償を店に命じる判決や，消費期限切れの商品を販売したスーパーに対して，返金と補償を併せて商品代金の1.5倍の支払いを促す仲裁などが出ています。

このあたり，いわゆる中国式の商法で利益を出す，ということについても従来とはリスクが異なってきている，と言えます。

日本企業においては，やはり相対的にまっとうな商売をすることが，最終的には消費者の信頼を得て業績を伸ばすことにつながる，という信念を持って事業展開をしていただきたいものです。

●店舗運営の留意点③…契約関係や内部統制は性悪説でしっかりと

飲食店や美容店については，共同経営者の中国人に店を乗っ取られる，というような状況が昔から言われてきましたが，今も見られます。

（乗っ取りとは少し違いますが）とある高級日本料理屋で，大将の名前を店舗名にしていたところ，登記はオーナー側で行っていたようで，方針の違いで決裂し，大将が去った後も，同じ名前で経営を続けています。（大将は泣き寝入りした格好で，その話を知っている日本人は誰も行きませんが，相変わらずリッチな中国人客で賑わっています。）

中国においては特に，権利関係について，善意を前提とせずに，よく留意して契約する必要があります。

レシピや仕入ルートなど，ノウハウの保持については，第3章で触れましたが，それらの他にも，店舗運営には独特の内部統制が必要となります。日本では，多少甘くても大きな問題にならないことが多いですが，中国では以下のようなリスクに対応した仕組みを，それぞれきちんと導入する必要があります。

- 単純に現金を持ち逃げする。
- 売上をごまかして現金を抜く。（「今日は機械の調子が悪いので，現金でお願いします」と言われれば，反射的に，代金を（店に入れずに）ポケットに入れるつもりなのかな，と思ってしまいます。）
- 注文がキャンセルされたと称して，その分の現金を着服する。（中国の飲食店で，注文をキャンセルしようとすると，大抵「既に作っていますから」，と言われて断られますが，ひとつには注文キャンセルに対して，警戒が強いという事情もあるわけです。）
- 食材や調味料を横流しする。
- 食材や調味料の購入量・消費量をごまかす。（なんだか味が薄いな，と感じた時には，そういうことが起きているのではないか，もしくは，店の方針で原価削減をしようとしているのか，などと考えてしまいます。）

§4　インターネット販売

中国におけるインターネットというのは，多くの面で世界の最先端を行っています。利用者の圧倒的な数もさることながら，国土の広さ，便利さを求める国民性などから，ネットがより利用されやすい環境にあります。

冒頭の，ジャック・マー（アリババ創業者）の発言の通り，インターネットショッピングサイトによって，中国の田舎も含めて津々浦々の人々が，北京や上海の住民と同じ商品が買えるようになったというのは本当にその通りで，インターネットによってはじめて可能となった，情報伝達・ビジネスモデルの変革の大きさをよく示しています。

近年，11月11日の光棍節（独身の日）におけるネット商戦が大きな盛り上がりを見せています。2015年の光棍節には，主要なインターネットショッピングサイトが，前年のおよそ倍を売り上げたと言われており，アリババグループの一般消費者向けショッピングサイト「天猫」が，わずか１日で900億元（約１兆3,500億円）を売り上げた，と公表されています。

光棍節とは，１が並ぶことから，大学生（※４）が「独身の日」としてささやかなイベントを行ったものがネット上で広まり，それに対して，大手ネットショッピングサイトがバーゲンを仕掛けたもので，決して伝統的な節句などではなく，いわゆる若者ネット文化が起源ですが，今では実体経済に大変な影響を及ぼしています。

ネットで買われた物は，配送されなければならないわけで，光棍節から１週間ほどは，街で運送会社のトラックと配達員の姿をやたらと目にします。また，一般郵便物や宅配便の配送に，かなりの遅れが出ます。2015年は，光棍節１日の買い物に対して，約170万人の配達員が40万台の配送車を用いて，5,000の倉庫から7.6億のパッケージを配送したと推測されています（※５）。

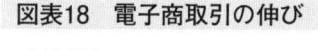

図表18　電子商取引の伸び

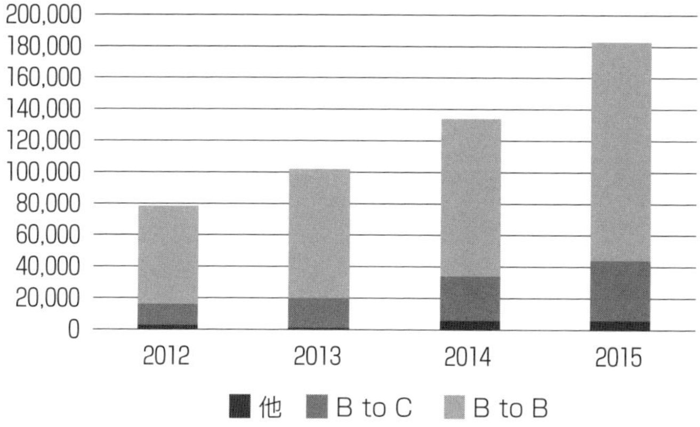

（出典：中国電子商務研究中心の各年度報告，単位億元。）

上図からも，B to B，B to Cいずれも電子商取引が急速に伸びていることが分かります。また，インターネットの利用方式として，スマートフォンが増えてきており，先のアリババグループの発表では，2014年の45%から，2015年には72%に増加しているとのことです。

中国のネット上では様々な便利なサービスが展開されており，普通の使い方であれば，消費者はほとんど無料で利用できます。携帯での決済，理財商品の購入，タクシーの配車，音楽や動画の視聴など，日本よりも便利になっていることが多々あります。ちなみに，無料ですぐにWi-Fiが使える場所も，日本でも最近増えてきましたが，中国の方が早く広まったという実感があります。

近年，M&Aが進み，多くのサービスが，阿里巴巴（アリババ）グループ（B to Bサイトから発展），騰訊（テンセント）グループ（メッセージサービスから発展），百度グループ（検索サイトから発展）に集約されてきています。

中国の主要なネットサービスについて，それぞれ最もよく使われているものをまとめてみました。

図表19　中国の主要なネットサービスと所属グループ

業態	サービス名称	所属グループ			
		阿里	騰訊	百度	他
B to B	阿里巴巴（アリババ）	X			
B to C（テナント式）	天猫	X			
B to C（自社販売式）	京東		X		
C to C中心のテナント式	掏宝（タオバオ）	X			
検索サイト・資料共有	百度			X	
中国版フェイスブック	微信		X		
メッセージ・ファイル送信	QQ		X		
中国版ツイッター	微博	X			
支払い	支付宝（アリペイ）	X			
支払い	微信支付		X		
支払い	銀聯				X
支払い	Apple Pay				X
金融	支付理財	X			
金融	理財通（微信）		X		
位置サービス（店評価）	大衆点評		X		
位置サービス（地図・ナビ）	百度地図			X	
タクシー配車・予約	滴滴・快的				X
娯楽（音楽）	QQ音楽		X		
娯楽（動画）	土豆・優酷	X			
娯楽（動画・音楽）	愛奇芸			X	

（出典：筆者作成）

●販売チャネルとしてのインターネット…価格競争力のある製品が適す

さて，外資企業は，インターネットを用いた業態への参入が規制されており，基本的にはプレイヤーとして参加するしかありません。

販売チャネルとしてのインターネットには，大きく，ショッピングサイトに出店する形式と，自社サイトで販売を行う形式があります。

前者については，より低い費用で展開できる一方で，激しい価格競争にさらされます。後者については，設置・運営に費用が発生する一方で（といっても実店舗に比べれば安いものですが），自社製品に興味を持つ顧客のみがアクセスしてくるものの，やはり価格などの情報が参照・比較されやすいと言えます。

いずれにしても，インターネットという販売チャネルは，どうしても価格を中心に検討されやすい特性があり，高品質や良いサービスによって高付加価値を提供するという，中国市場において多くの日本企業がとっているポジショニングには，概してあまり相性が良くありません。どちらかというと，同業他社の動向を踏まえて，追随して手を出さざるを得なくなっている，という場合が多いのではないでしょうか。

既存のチャネルと容易に競合してしまうため，販売する商品ラインや価格設定で，どのように住み分けするか，よく検討する必要があります。一般論としては，代理店や直売のチャネルでドル箱になっている商品ラインは避け，薄利多売のラインをネット向けに出す，ということになるでしょう。

逆に言えば，価格競争力のある製品については，ネット販売によって一気にシェアを獲得できる可能性があるということでもあります。

これまで中国市場をあまり開拓できていない企業においては，積極的な活用を検討してみる価値がありそうです。

●インターネットセキュリティ，個人情報の取扱いに留意する

特に自社サイトで販売を行う場合には，ホームページの改ざん，ハッキング・ウイルスによる個人情報の流出など，サイバーセキュリティに関するリスクをよく考慮に入れておく必要があります。（詳細は第6章で紹介します。）

個人情報について，中国ではこれまで（現在も）個人情報の扱いについて緩い状況が続いていましたが，上述の消費者権益保護法に，以下が定められました。

- 消費者の個人情報の収集に当たり消費者の合意を得ること
- セキュリティを確保し個人情報の漏えいを防ぐこと
- 漏えいした可能性がある場合には救済処置を講じること

• 消費者の同意や請求無しに商業性の情報を発信してはならないこと

これにより，（消費者に関連する）全業種に係る重要法令（※6）に，個人情報保護に関する要求が出たことになります。また，中国で頻繁にくる勧誘電話やショートメッセージに対して，法的な対応を求めることができるようになった，と言われています。

これらの個人情報保護に係る要請について，当然ながら，既存のチャネルで収集した消費者の個人情報も対象となるため，留意が必要です。

ショッピングサイトに出店する場合には，基本的なセキュリティには，さほど自社で気を使う必要はありません。その一方で，ショッピングサイトでは，消費者の評価が集積された，出店者の格付けが重要になります。

消費者から好評を得ていることをモニタリングし，不満があった場合にはその原因に対してきちんと対応していくことが必要です。（それは，ショッピングサイトに限らず，またインターネット販売に限らずに必要でしょう。）

また，先述の3.15晩会でも，ショッピングサイトでの評価を上げるために架空の取引を行う，という不正が報道されています。同業他社がそのような不正を行っていないか，逆に，他社が消費者を装って当社にネガティブな評価を付したりしているケースが無いか，といったチェックを時折行うことも一考の余地があります。

●インターネットを味方につけよう…ネガティブな情報には早期に対応し，ポジティブな情報を発信する

より広い観点から，ビジネス環境としても，インターネットによる変化はよく認識すべきです。消費者の生活も，先に挙げたような多様なインターネット上のサービス無しにはもはや考えられませんし，中国のビジネスマンが仕事の合間や移動中に読む媒体も，微信や微博が多くなっています。また，ネット広告も，広告手段としてより存在感を増してきています。

こういったインターネットメディアでの情報発信・情報提供は，おろそかに

すべきではありませんが，日本企業の中国事業においては，企業が発信したい情報を中国語で行うには，言葉の壁を超えた活動となり，然るべき推進力と現地スタッフの主体性が必要となります。

怖いのは，ネット上で（必ずしも真実ではない）ネガティブなニュースが発信され，あっという間に拡散してしまうことです。

決定的な対策は打ちにくいところですが，モニタリングの担当を置いたり，外注サービスを活用する企業も増えてきています。

また，飲食店については，大衆点評など評価サイトの書き込みは，多くの人が目にします。ここに良い評判を書いてもらい，なるべくネガティブなコメントを受けないようにするのは，かなり重要です。

逆に，良いコメント・評価を受けられるよう，ロイヤリティの高い顧客をネットコミュニティに誘導する，というのは，必要な作戦のひとつであると言えます。（例えば，大衆点評で，５つ星をつけてくれたらいくら値引きします，といった具合のキャンペーンをよく目にします。）

【注】

※１：この言葉はもともと，三波春夫が「神様に捧げるような気持ちで唄っています」という趣旨で言ったとされ，消費者の言うことが絶対である，というように用いられているのは誤解であると言われています。

※２：特注品，鮮度のあるもの，ネットからダウンロードまたは開封した音楽やソフトウエアなどのデジタル製品，新聞・雑誌などを除く。

※３：国家質量監督検験検疫総局の記者会見における発表によると，2016年初から７月28日までに，881万台がリコールされ，そのうち日系568万台（40件），米系252万台（16件），独系45万台（23件）がほとんど（98.3%）を占めています。ちなみに，リコールの内容は，エアバッグとシートベルト487万台（29件），エンジン224万台（14件），車体75万台（18件）となっています。

※４：南京の大学生という説が一般的ですが，北京という説もあるようです。光

棍とは，何にも包まれていない棒という意味で，本来は独身男性のことを指します。

※５：The Sydney Morning Heraldで公表された推測値。

※６：工業情報化部より，携帯キャリアやインターネットプロバイダーなど向けのルールが出されていますが，日系でこれらの事業を中国で展開することは基本的にできません。また，より包括的な，サイバーセキュリティ法のドラフトが出ていますが，現段階ではドラフトにとどまっており，かつ仮に法令化されても，「ネットワーク運営者」に管理責任を求める内容が中心であるため，日系企業への影響は限定的であると考えられます。（その後2016年11月７日に公布され，2017年６月１日から施行されることが決まりました。）

コラム1

漢字の話

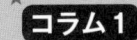

中国に滞在していると，漢字という文化が，日中で共有されていることの有り難さを切実に感じます。全く日本語を習ったことの無い中国人であっても，日本語の文書であれば，漢字を拾ってまがりなりにも意味をつかめます。逆も然りで，（簡体字さえ脳内変換できれば），日本人にとって中国語の文意をおおよそ理解するのは，さほど難しくありません。中国をバックパッカー旅行した日本人であれば誰でも，筆談でコミュニケーションをした経験があるでしょう。

そのような，勉強しなくても理解できる外国語が（相互に）他にあるでしょうか。

漢字はもちろん中国で発明されたものですが，現代の中国で用いられている用語に対して，日本が非常に大きな貢献をしたことは，残念なことに，日中ともに意外と知られていません。孫文や魯迅が，若いころ医学を学びに日本に留学していたことを思えば腑に落ちるかと思いますが，医学用語や法律用語は，明治時代の先人が，西洋の用語を漢字に変換したものが，そのまま中国語に取り入れられています。例えば「脂肪肝」「胃腸炎」「民事訴訟」「時効」など，そのままで通じます。（一方で，会計用語については，西洋文化到来以前の商業用語が入っているからかと思われますが，あまり共通していません。遺憾ですが，筆者はより仕事のし甲斐があるとも言えます。）

さらに言えば，（これを中国で言うとあまりいい顔をされませんが，）「中華人民共和国」の「人民」と「共和国」も，用語としては日本人がつくったものです。

今でも，新たな法律を作成する際に，内容については（主要先進諸国のもの，とはいえやはり主には）米国のものを，用語については日本のものを参考にすると言われます。

また，アニメを通じて，中国に入った日本語も少なくありません。「超～」「萌」「宅男／宅女」（オタク），など。（ただし，少しニュアンスがずれている場合があり，「宅男／宅女」については，何かマイナーなものに非常に詳しいという意味は薄く，

「家に引きこもっている」という意味で使われるようです。）

さらに，日本の業務用語が一般化したものもあります。例えば，「品質」や「水準」という用語は，（字義としてはもともと中国語にもあると言えますが），一般にはそれぞれ「質量」（クオリティの意，なお物質の質量の意味でもこの語を用います），「水平」（レベルの意）という語が用いられていたのに対して，漢字の意味からは「品質」「水準」の方がよりしっくりくるために，広く使われるようになったそうです。最近の流行語，「匠」（「匠人精神」のように使われる）もそういったもののひとつと言えるでしょう。

このように考えると，日本語として漢字を使う場合にも，もう少し本来の意味を意識したくなります。（なりませんか？）

例えば，「素敵」「大丈夫」「面白い」「大変」などは，その意味は，漢字から大きくかけ離れており，（中国語で読んでしまうと滑稽で）思わず，ひらがなかカタカナで書きたくなります。

中国語は，全てを漢字で表現するため，外来語に対して，漢字の意味を無視して音に当てた用語は（日本語のカタカナ表記の語に比して）相当に少なく，対応する意味の漢字に転換するのが基本です。例えば，インターネットは「因特網」ですが，「因特」はインターへの当て字で，「網」はネットを漢字にしたものです。セキュリティは「安全」，センターは「中心」，という具合で，これらの語はニュアンスが広くなり，日本でも使われるもともとの意味とともに，英語のニュアンスも含むようになったと言えます。つまり，中国語でありながら，それを読む際には，英語のニュアンスを意識することが必要となる場合があるのです。「眼肉（牛排）」（Rib Eye）なんて，外来語であることを意識せずに読んだら，ちょっとしたホラーです。

中国における日本企業の名称も，日本でも漢字の名称を用いている企業（「三菱」「日立」「東芝」）はもとより，日本ではカタカナやアルファベットが浸透していても，中国では漢字に戻している場合が多く（「豊田」「日産」「本田」「松下」「大金」「小松」），音に対する当て字の名称を用いている企業（「索尼（SONY）」「佳能（キヤノン)」「尼康（ニコン)」）は少数派です。

外来語をカタカナで導入することは，英語との親和性が高く，また本来のニュアンスをそのまま導入できるため，悪いことばかりではありません。しかし，対応する漢字の用語で十分な場合には，不必要に類似の用語を増やしている面もあります。

こう言うと，まるで説教爺のようですが，漢字文化を大切にしたいものです。それは，既に日本の文化になっているものであり，同時に，世界第２位の経済大国となったお隣の国の文化・言語でもあります。

明治時代までは，知識人にとって漢文，すなわち中国語の知識は必須でした。現代においては，事実上の世界共通語として，英語が第一にくるのは当然のことですが，それに加えて，現代中国語について，もう少し広く勉強されても良いのでは，と感じます。それにより（英語と異なり），ある意味で，日本語をより深く理解することができます。例えば，日常用語について，中国語由来のものと，日本古来の「やまとことば」が意識できるようになります。

また，漢字本来の意味を意識して使う人が増えれば，中国でも通用する用語がより使われ，長期的には，日中共通の用語を増やすことにつながるでしょう。

もちろん中国語を習得することが，実務的に有用であることは言うまでもありません。中国に駐在したり出張したりする機会のある人はもちろんのこと，第５章で言及する通り，今後中国からの観光客は，年間1000万人を超える規模になることが想定されます。

まずはじめの一歩として，最もよく用いられる簡体字を100字ほどさらっと見ておくだけで，筆談のできる範囲が格段に違ってくるでしょう。

米国でも，カリフォルニアなど，メキシコに接する地域では，かなりの割合の人が基礎的なスペイン語を習得しています。ヨーロッパにおいては，数か国語を操る人も珍しくありません。

日本人の多くが基礎的な中国語を解するようになるというのも，決して不自然な話ではないのです。

コラム2

数字の話

4と7について

幼いころ，数字をはじめて教わった際，「いち，に，さん，し／よん，ご，ろく，しち／なな，はち，きゅう，じゅう」という具合に，4と7には2種類の読み方があると習ったかと思います。現代日本語としては，その通りですが，しかし中国語に照らしてみると，本来どちらが正しい，と言えることに気づきます。中国語の「yi（イー），er（アr），san（サン），si（スiー），wu（ウー），liu（リウ），qi（チー），ba（バー），jiu（ジィゥ），shi（シhー）」に対して，日本古来の数字の読み方は，「ひい，ふう，みい，よ，いつ，む，なな，や，ここの，とう」。

つまり，「し」と「しち」は中国語由来の読みであり，「よん」と「なな」は，日本古来の読み方から来ているわけです。

ところで，数字の4は，音が「死」につながり縁起が悪い，8は末広がりで縁起が良い，というのは日中共通です。しかし，9については，日本の「苦」に対して，中国では「久」につながり，縁起が良いとされています。その他，6は「留」で縁起の良い数字ですが，3は「散」であまり良くないとされています。日本では，結婚式のご祝儀に偶数を避けますが，中国では「双喜」と言い，4以外の偶数は問題ありません。

また，数字による語呂合わせも，よく行われます。例えば，「147」は「要死去」（死んでしまいたい），「748」は「去死吧」（死んでしまえ），などという意味になりかねません。会社や個人の電話番号や住所など，なかなか変更できない番号については，とんでもない語呂合わせになっていないか，一度チェックしてもらった方が良いかもしれません。

また最近，5月20日が「520」（我愛你）の日として，恋人の日（情人日）というイメージが広がりつつあります。

ちなみに，バレンタインデー（２月14日）も西洋由来の情人日として定着しており，さらに七夕（旧暦の７月７日，新暦ではおおよそ８月初旬）が，中国の伝統の情人日として広く認識されています。中国の恋人たちもまぁ忙しいことです。

７と８について

中国に，「八仙過海」という広く知られた神話があります。端的には，８人の仙人（７男１女）[※1] が，それぞれの法力で海を渡る，というお話です。この八仙人のイメージですが，日本の七福神と非常によく似ているのです。

下の写真は，山東省の蓬莱市にある彫刻で，八仙人はここから海を渡った，ということになっているそうです。（桃太郎岡山県説みたいなものですね。）

あのあたりから海を渡れば，順当に行けば，当然日本に行きつきます。そして，話のバージョンによっては，１人はたどり着かなかった，というものも実際にあるそうです。

写真２　八仙過海

（出典：筆者撮影）

十二支について

日本と中国に共通する風習には様々なものがありますが，何年（なにどし）生まれ，いわゆる「えと」(※2) もそのひとつです。中国での発祥は古く，殷の時代には，甲骨文字の中で，十干（甲乙丙丁・・・）と十二支（子丑寅卯・・・）が日付を表すのに用いられており，周の時代の青銅器には，十二支と思われる動物をかたどったものが見られるとのことから，動物を当てはめる考え方が既にあったことが分かっているそうです。

日本では，稲荷山古墳から出土した金錯銘鉄剣に「辛亥年」(471年説が有力) とあることから，古墳時代には既に伝来していたものと見られます。

さて，12種類の動物ですが，ぱっと見て，日本と印象の違うものが２つあります。

ひとつは亥年です。日本ではイノシシで，牙と毛が生えているのに対して，中国ではブタです。これは，十二支が中国から日本に伝来した時に，まだブタを飼うのが一般的でなかったため，イノシシで代用された，と考えられているそうです。

もうひとつは，これは筆者もつい去年知ったのですが，未年です。日本では，白くてモコモコしたヒツジですが，中国では「羊」が示すものとして，ヤギの方がメジャーなのです。(確かに漢字では「山羊」ですね。ヒツジは中国語で「棉羊」と書きます)。ですので，街で見かける「羊」の縁起物などには，角とヒゲが生えています。未年の春節明けのメールなどでの英文の挨拶は，「Happy goat year！」ですが，Happy sheep year！でも問題は無いようです。

ちなみに，「小肥羊」という可愛らしい白いモコモコのヒツジがトレードマークの鍋料理のチェーン店があり，日本にも歌舞伎町あたりに進出しています。しかし，これらの鍋料理に羊肉として出されるのは，実際には，山羊なんだそうです。これは中国人でも，あまり意識していない人が多いようで，この話をしたところある人には，「そういえばそうかもね，でも要するに『羊』でしょ？」，と言われました。まあ，美味しければどちらでも構いませんけどね。

ところで，何どし生まれかについて，中国では春節から新年と数えますが，日本は明治時代に１年の始まりを西洋暦に合わせたため，１月〜２月生まれの日本人は，誕生日が生まれた年の春節の前だと，中国での認識とずれてしまいます。

同じ理由で，他の中国由来の節句も，日中で約１ヶ月のずれが生じています。ちなみに中国では，伝統的な節句を見直そう，ということで2008年より，年３回あった大型連休（７連休）のうち，労働節が１日（週末を合わせて３連休）に短縮され，代わりに，除夕（旧暦の大晦日），清明節（冬至後の108日），端午節（旧暦５月５日），中秋節（旧暦８月15日）が各１日，国定休日になりました。

清明節だけは，日本人にはなじみがありませんが，お墓を掃除し，先祖の霊に祈念する祝日で，４月頃になるため，春のお彼岸と時期は近いですがこちらは仏教由来で，むしろお盆の方が近いかもしれません。

端午節や中秋節の風習も，日中で似ているものの，あれこれ違うのがまた面白いところです。

【注】

※１：八仙人の名前は，漢鐘離，張果老，韓湘子，鉄拐李，呂洞賓，何仙姑，藍采和，曹国舅。七福神は，恵比寿，大黒天，毘沙門天，弁財天，福禄寿，寿老人，布袋。地域により，吉祥天や達磨を加えて，八福神とすることもあるそうです。

※２：干支の「干」は「幹」，支は「枝」の意味で，十干と十二支の組み合わせで年などを表します。「えと」という読み方は，十干で，「きのえ（甲）」「きのと（乙）」「ひのえ（丙）」「ひのと（丁）」と陽陰に応じて「え」「と」の音が入ることに由来するので，何どし生まれかについて「えと」，というのは本来は誤りで，「十二支」と言うのが適切だそうです。

後篇

中国事業成功のための「守り」

第5章

中国経済と社会の構造的な問題点

「親父が何年もかけて貯めて渡してくれた資金が，日本に来てわずか１週間の生活費で消えたのには，愕然としました」

1980年代に日本に留学した中国人管理職談

§１　中国の社会格差

中国が直面している，最大の中長期的な課題のひとつは，貧富の差でしょう。

所得格差の代表的指標であるジニ係数では，中国は0.46（※１）であり，社会不安の警戒水準とされる0.4を上回っています。この数値は，日本をはじめほとんどの先進国よりも高い（所得格差が大きい）一方で，米国やいくつかの東南アジア諸国と同程度です。中国の高所得者が正しく統計されているのか，という懸念もありますが，平均としての数値よりも重要なのは，13億人の巨大な人口の中で，少なくない部分（数億人）が，近年のめざましい経済発展の恩恵を受けていない，豊かさから取り残されている，という「不公平感」「不公正感」を抱いている，ということです。

中国政府が恐れているのは，このような大衆心理が社会不安を引き起こすことであり，ひいてはそのきっかけとなるような金融危機や言論であると言えます。

2004年には財務部が，遺産税暫行条例の草案（ドラフト）を出し，その後2010年に改訂版を出しましたが，未だに実施に踏み切れていません。遺産税として設定された税率は，80万元の基礎控除を超える部分から累進し，最高税率は1,000万元を超える遺産純額に対して50％となっており，もし導入されれば，中長期的に貧富の差を緩和する大きな効果があると考えられます。

実施できていない最大の理由は，中国において個人への課税をしっかりと実施できる体制が整っていないことであると言われています。

2011年に，個人所得税の基礎控除が月収入3,500元に引き上げられ，当時これを超える個人は，わずかに2,800万人（人口の２％未満）しかいない，と話題になりました。徴税の対象となる個人を減らし，調査等を行いやすくすることもひとつの狙いだったのではないかと思われますが，実際問題として，企業に勤務する給与所得者以外の，個人の脱税はやりたい放題と言えます。(企業の勤務者であっても，給与に比して，福利がやたらに手厚い状況が国有企業によく見られますが，節税の意味もあります。また，高級管理職の給与を名目上一般従業員への支払いとして処理するという脱税のスキームも見られます)。ちなみに，個人所得税の累進は，3,500元の基礎控除を超える部分から累進し，最高税率は８万元を超える月収入に対して45％となっています。

図表20は，中国の省・直轄市を，もともとの面積は全く無視して，経済規模だけで大きさを再構成したものです。中国の経済発展が，いかに沿岸部の省（広東・江蘇・山東・浙江）や大都市（上海・北京）に偏っているかを見て取ることができます。

一方で，新疆，西蔵，内蒙古の各民族自治区は，本来の地図上の面積が広大であるのに比べて，その経済規模の小さいことに驚かされます。少数民族問題というのは，その背景の大きな部分が，経済発展格差の問題なのです。ウイグル，チベット，モンゴルの各民族は，独自の言語や文化を保持し，独立運動や過激派によるテロなどが実際にあるため，中国政府が神経をとがらせており，それに関連する報道は，本気で規制されている情報のひとつです。

図表20　中国の省・直轄市別経済規模

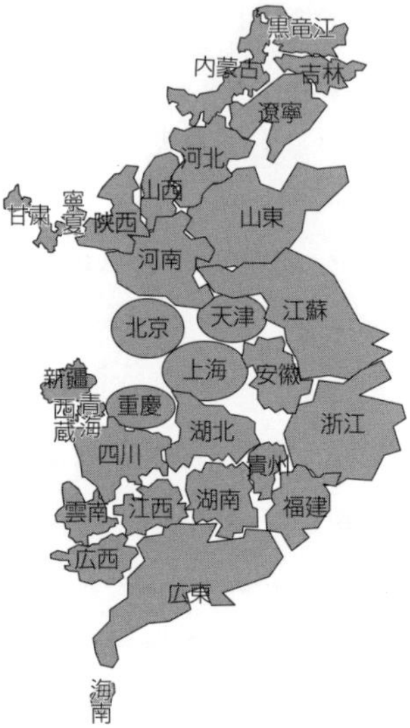

（出典：中国統計年鑑2015年版の地区生産総額（2014年のデータ）より筆者作成）

一方で，その他の多くの少数民族は，アイデンティティの危機に瀕しています。制度上は，少数民族は迫害されているどころか，むしろ大いに優遇されており，例えば一人っ子政策下でも，第二子を出産できたり，大学入試においても加点を受けられるなどのメリットがあります。そのため，夫婦のいずれかが少数民族であると，その子供は積極的に少数民族の戸籍を選ぶために，実際には少数民族の文化を保持していない，戸籍上だけの少数民族が増えていってしまっている，という状況があります。

筆者自身，個人的な関心もあって，土家族，侗族，白族などの少数民族の戸籍を持つ人に会うたびに，独自の言語を話せるかどうかを聞いてきましたが，ほぼ皆無でした。（もちろん，私が出会ったのは大都市においてであり，少数民族の居住地に行けばまた異なるとは思われます。）

これらの少数民族の言語や，華南に多くある漢民族の方言についても，ほとんど体系化・保存の努力がなされていないようです。言語は，文化を代表するものであり，これまでの中国においては，共産主義のイデオロギーの下で軽視され，またそのような余裕も無かったかもしれませんが，今後は，積極的に保護されていくことが望まれます。

§2　中国の人口問題

とにかく人が多い，というのがこれまでの中国の大問題であり，経済・社会の運営を困難にしてきた要因でした。(その巨大な人口が，今となっては，企業にとっての中国を魅力的な市場にしているのは，いささか皮肉に思えます。)

その対策として導入された，中国の一人っ子政策ですが，2015年12月に「人口と計画出産法」が改定され，二人っ子政策に緩和されることが確定しました(※2)。

一人っ子政策は，人口の増加を抑える効果があった一方で，様々な歪みをもたらしてきました。黒戸籍とは，主に出生が登録されないために戸籍が無い人を指しますが，筆者も実際に，黒戸籍の出身であるために教育を受けておらず，読み書きができない人に出会ったことがあります。

国家統計局の公表によると，出生児の男女比は，2007年には120：100，2014年には116：100で，自然な比率から大きく乖離してます。これは女児では家系が継承されないことや，特に農村では働き手として劣ることから，堕胎や，(中国では医師が胎児の性別を判定して両親に告げることが禁じられているため）出産後に遺棄されてきたことによると見られます。

これが農村部における嫁不足，児童誘拐などの問題につながっています。児童誘拐については，2016年３月に，範冰冰というトップ女優が，自身の微博(中国版ツイッター）にショートビデオを転載したことでも注目を集めました。そのショートビデオによると，年間20万人の児童が誘拐され，女児の場合には農家の嫁や物乞い要員，男児の場合には児童労働要員，また最悪の場合には臓器売買の対象として売られている，としています。(2016年４月現在，既に削除されており閲覧できなくなっていました。）

筆者の通勤路にあるとある交差点でも，左手が無く，顔に醜い傷跡を負った女性が，常時１～２人，物乞いをしています。このような身体への障害や，硫酸による顔の傷は，物乞いビジネスの常套手段とされており，彼女らもおそらくは，児童誘拐の被害者なのではないかと思われます。

このあたりは，経済発展によって状況もずいぶん良くなってきているとはいえ，これまで人権が軽視されてきた中国社会の暗部が垣間見える思いがします。

現状における中国の人口に関する切実な問題は，増加よりもむしろ高齢化です。2012年に既に中国の労働人口は減少に転じており，これが一人っ子政策転換の背景にあります。これに関連して，年金も大きな問題で，高齢化により財源不足が懸念されているとともに，架空受領や横領などが発生しており，将来，本当に受給できるのかが心配されています。

しかし，高齢化と年金問題については，中国は日本の状況を参考にできる状況にあります。バブルや国債などの経済問題と同様に，日本がどうするかを見守っていると思われます。

年金問題は，端的には財源の不足であり，受給者口座や基金の管理の不備は，（残念ながら日本でもたびたび問題が発生してますが）副次的な問題です。年金財源が不足する原因は，若年世代の減少と経済発展の停滞に分けて考えることができ，これは経済成長を２つの要素に分解したところの，人口と生産性に対応しています。ベビーブームなどによる世代間の人口の偏りを別にすると，結局のところ経済成長の鈍化そのものの問題なのです。

§３　日本の人口問題

経済成長については第１章で論じました。ここでは，日本の人口問題，なぜこれほどまでに急激に人口が減少するのか，について考えてみたいと思います。

日本の合計特殊出生率は，2014年に1.42で再び減少に転じており，人口はこのままでいくと，2060年には8,674万人になると推計されています（※3）。

経済発展の最終段階として，人口増加や経済成長が停滞する（安定する）のであれば，地球環境やサステナビリティ（持続可能性）の観点からはむしろ望ましいことかもしれません。しかし，人口が減少していくというのは，生物の本質からして異常です。少なくとも目指すべき姿ではあり得ません。

先進国における，人口増加の鈍化・減少を説明する経済モデルとして，ライベンシュタインモデルが知られています。経済成長とともに，出生の不効用（養育費・教育費などの直接費用と，特に母親が子育てに時間を費やすことによる機会費用）が，効用（働き手としての子供，子供を持つ満足，老後の面倒を子供が見てくれる期待など）を上回ることによって出生率が減少する，と説明されます。

しかし，筆者は「最低限の食料が確保されなければ，人口は増加できず減少する」という，古い経済モデルの方が，より良く説明できると考えています。現在ではこのような極限状態は発展途上国でもほとんど発生しません。しかし「食料」を，子供を持つことのできる「最低限の収入」という，概念上の基準に入れ替えてみれば，実際の収入（将来の見込みを含む）がそれを下回ってしまっている状態であるから，子供が持てない，ということになります。

つまり，子供を持ったら与えるべき，然るべき衣食住や然るべき高等教育にかかる費用は相当なもので，然るべき生活が維持できなくなるので諦める，ということになり，これは多くの１人目または２人目の子供をためらう家庭の実感覚と合っているのではないでしょうか。

ポイントは，何が「然るべき」かというのは，子供についても夫婦自身についても，いずれも概念であり，さらに言えば，近所・友人・同僚・親戚などといった，周辺との比較によって形成されるものであることです。

中国の李克強首相が，「中国の製造業の品質にはまだまだ向上の余地がある。

（日本やドイツの）“職人気質”を見習うべきである」という趣旨の発言をしたそうです[※4]。列車運行が正確であることで知られているのもこの２国です。

なぜ品質が全体的に優れていることが多いかというと，そのひとつに，世間に顔向けのできない製品は出せない，という（日本風に言えば）「恥」の意識が背景にあるように思われます。これは，日本においては，武士道精神の名残，島国的なムラ社会意識，横並び意識，などと関連していると言えるでしょう。ドイツについても，他のヨーロッパの国々からは「生真面目」ととられるような，また高い公衆道徳を誇りにしているような国民性があります。

先進国の中でも，人口が減少に転じているのはこの２国であることと，製品やサービスの品質が良い，と世界的に認められていることには，いずれも国民性に関係があるのではないか，と思われるのです。

これは，ライベンシュタインモデルと矛盾するものではなく，子供を持つことの「直接費用」がいくらか，というのは，その国の国民性を背景にした「概念」によって決まる，という補足に当たります。

従って，少子化対策には理論上，以下の３つが考えられます。

- 実際の収入とその将来の見込みを増やすこと。
- 必要費用の，実際の額を減少させること。
- 必要費用に係る，概念を変化させること。

１点目には，言うまでもなく，経済発展を持続させることが必要ということになります。人口の減少は経済の縮小につながり，それがさらなる人口の減少をもたらすという悪循環，鶏と卵の関係があるわけです。

目指すべき将来の日本の姿は，やはり少なくとも人口は減少せず，経済は発展を続ける，というものであるべきでしょう。米国の１人当たりGDPは日本の倍近い数字になっています。日本人も，もっと豊かになって良いはずです。（ちなみに，1980年代後半の日本の１人当たりGDPは，米国を超えていました。また，GDP総額でも，米国の約半分に迫っていましたが，現状は4.3倍の開きがあります。）

●定年後は孫の養育を引き受けよう！…一億総活躍の自然なカタチ

２点目については，子育てに関連する各種の政策，例えば子供手当や保育園・幼稚園の確保などが連想されるかと思いますが，それにとどまりません。

ここでひとつ，中国を参考にすることを，大いに推奨したいことがあります。それは，中国では，祖父母が孫を養育するのが広く一般的であることです。この習慣によって，女性が日本に比して相当程度，子供を産みやすくなっていることは間違いありません。そして，女性が出産後も仕事を続けることが当たり前，という状況を支えています。

定年を迎えた多くの人にとっても，孫の面倒を見るというのは，楽しく，やり甲斐もあり，最も経済的に貢献できる「仕事」なのではないでしょうか。

実際のところ，この分業は，人類にとってより自然な形であると言えます。悠久の歴史において（都市化が進む前の）圧倒的な期間，人類は大家族で生活し，若い男女は外に出て，狩猟・採取，農耕・牧畜を行い，幼子は年寄りが世話していたはずです。

中国は，女性の社会進出が世界で有数に進んでいる国のひとつでもあります（※５）。

この背景には，毛沢東が「女性は天の半分を支えることができる」（※６）と言ったとされるように，共産党が女性の社会進出について積極的だったことがあります。また，文化大革命は，今でも多くの中国人にとって陰惨な記憶であり，国民的なトラウマですが，それと同時に，従来の「偉い」ものを否定し，伝統的な礼儀作法を破壊して，今の大陸中国における，良くも悪くも，ざっくばらんで気取らない，遠慮が要らないような雰囲気を形成するのに重要な役割を果たしたと言えます。

（このあたり，台湾人・香港人からは，中国大陸は「人情味が無い」「無愛想だ」，などと揶揄されるところです。筆者の滞在した台湾の家庭でも，近所との付き合いを非常に大切にしており，良く言えば密な，悪く言えば少々息が詰まるよう近所付き合いがありました。)

イタリア在住の作家，塩野七海がその著作，「海の都の物語」で提唱している仮説があります。中世イタリアの海洋国ベネツィアが，共和制とその組織力の高さにより，地中海を舞台とした，中近東とのガレー船貿易においては，他の追随を許さず経済大国となったが，新大陸の発見に続く大航海時代と，(バクチ的な要素の強い）大型帆船の活躍にはついていくことができずに衰退した，という歴史に基づいた分析で，その仮説というのは「状況が国民性に合致している期間は，その国家は伸長し，状況が変化し国民性に適合しなくなると，衰退する」というものです。

まさしくその通りだと思われます。

中国においては共産党支配と文化大革命によって，日本においては第二次世界大戦の敗戦と連合国占領による民主化を経て，その良し悪しは別として，国民性は大きく変化してきました。

であれば，時代に合わせて，国民性を変える・国民の概念を変える，ということは，タブーである必要があるでしょうか。

これだけ経済理論，社会理論の発展した現在においては，さらに一歩進んで，国民性の強みと弱みを分析し，時代に適合した形で，このように変化させよう，という中長期的なプランとそのためのアクションがあっても良いのではないかと思われます。

もちろん，状況に応じて変化させるべきではない，「護持すべき国体」というものもあって然るべきでしょう。また，上で論じたように，製品の品質と人口の減少が関連している可能性があるように，同じ国民性が，ある面では強みとなり，別の面では弱みとなり得るため，どのような国民性が時代に適合しているかを論じるのは，全く簡単なことではありません。

しかし，ひとつだけ言えることは，日本人はやはり少々「気にしすぎ」，なのではないかと思われます。

学友・同僚・上司・部下との関係において，周囲に迷惑をかけてはならない，肩を並べて頑張る，という「和」の意識が，製品やサービスの品質の高さや，日本人が努力家であることを支えている一方で，少子化，いじめ，自殺率の高さ（※7）の要因にもなっていると考えられます。

実際には，日本のジニ係数はさほど低いわけではありません。また，OECDの調査では，日本の相対的貧困率が，主要な先進国の中では米国に次いで高くなっています（※8）。実際には，貧富の差がそれなりにある中で，「一億総中流」という横並び意識だけが強く残っているから無理が出るのです。

日本では，仕事は額にしわを寄せながら真剣にするものだ，という価値観が漠然ながらほとんどの人に共有されているかと思います。中国や東南アジア，ヨーロッパでもラテン系の諸国では，仕事や生活は「和気藹々」と楽しくするのを良しとする意識がより強いのです。

日本人も，人と違うことを恐れず，自分のペースで仕事と生活を楽しむ，ココロの余裕を持てるようになっても良いのではないでしょうか。

家庭内に目を向けてみれば，嫁姑問題というのは，世界共通です。しかし，嫁が姑にどれくらい気遣いをすべきか，となると文化・習慣によってかなり違ってきます。二世帯住宅が敬遠されるのは，要するに，気遣いが煩わしいからです。

実の親との関係においても，自分自身は（祖父母ではなく）親に養育してもらっておいて，親に孫の養育まで依頼するのは，親不孝だという親への気遣い，「体面」への配慮があります。

特にこれらの家庭内の気遣いを取り払ってしまって，祖父母が孫の養育をすべきなのです。それにより，定年後の人材の潜在労働力を最も自然な形で活用することができ，女性の社会における本来の活躍を引き出すことができます。

まさにこれこそが，安倍首相の提唱した「一億総活躍」ではないでしょうか。

§4　10年後の日中関係のあるべき姿

日本の人口減少への対策として，移民の受け入れが議論されることがあります。

米国の人口増加が続いているのには，毎年百万人規模の合法・非合法の移民（特に近年は中南米のヒスパニック）があることも貢献しています。また，2016年初に，ドイツが大規模な難民の受け入れを決めたことが論議を呼んでいますが，人道的見地もさることながら，人口減少を緩和することで，経済活力となるという目論見もあるものと言われています。

しかし，難民や単純労働者の受け入れは，短期的には1人当たりGDPを減少させるため，経済への効果は単純ではありません。それで，カナダやオーストラリアは，技能・資格の保持者や，資産の保有者（当該国への投資者）に限って積極的に受け入れており，中国では，特に大企業の幹部や政府高官の子弟で，そのようにして外国籍を取得する人が相当数にのぼっています(※9)。

少なくない中国政府の高官が，（不正に得た）資産を海外に退避させている，などと言われますが，中国人は上から下まで，どこか国家に対して信頼していない，醒めたところがあります。また，共産党支配以前から，多くの華僑が東南アジアに移住して経済的に成功を収めており，米国，カナダ，オーストラリアでも中華系住民にはかなりの存在感があります。

1985年11月，米国CIAに30年間勤務しアジア局主任まで勤めた，中華系米国人一世の金無怠氏が，実は中国のスパイであったとして逮捕されました。その勤務期間を通じて，米国の外交・諜報の機密情報を中国に流すとともに，それによって，1972年のニクソン訪中と米中共同宣言，ベトナム戦争の早期終結などに貢献したと伝えられています。まさに事実は小説より奇なり，というところです(※10)。

特に海外との接点を持った中国人は，「華人」としてのアイデンティティは大事にしていても，国籍や居住地は単なる便宜上のものである，という意識が強いのです。

こうした，国家と民族の二重性・不一致性は，中国／中国人のひとつの強みでもあり，悩みでもあります。

「華人」が世界中どこに行っても，そのアイデンティティを保ち続ける傾向があるのと面白いほど対照的に，米国では，人はそこに住むことによって「アメリカ人」になります。移民によって形成されてきたという歴史から，開放的で多様性のあるイメージがありますが，実際に米国に住むと，英語ができるのが（人間として）当然であることや，自由や公平といった概念も含めて「アメリカ的」な価値観に沿うことについて，強烈なプレッシャーを受けます。そこに住む中国人が，最も早く言語や習慣などのアイデンティティを喪失する国は米国であると言われます。

国民性・民族のアイデンティティには，相対的な強さがあるのです。その主要なファクターは，人数と活力であり，副次的に信仰・伝統・文化の強固さや，時代との適合性があると思われます。

●労働力のための移民受け入れは下の下策

日本は島国であることによって，日本人としての独自のアイデンティティを育んできました。もし，大規模な移民を受け入れた場合，それが変質してしまうのではないかという可能性は，ことに最も近隣にあるのが，膨大な人口と強いアイデンティティを持つ中国／中国人であるだけに，正当な懸念であると言えます[※11]。

一方で，そもそも近世までの歴史において，日本は中国の影響を強く受けてきました。これだけ近くにある国同士で，人的・文化的な交流が極めて少ないというのも不自然な話です。

日本の総人口に占める在留外国人の割合は約1.76％（2015年末）で，他の先進国に比して非常に低い水準にあります[※12]。人的交流は国際親善の基礎であること，国民性が独特になりすぎてガラパゴス化しないため，また経済活力など，総合的な見地から，例えば中長期的に５％～８％程度の数値目標を設定し，なるべく多様な国・地域から，高度人材などより望ましい性質の移民を受け入れることが考えられます。

なお，人口減少と労働力不足への対策として，移民の受け入れをすべきではありません。移民が日本人に完全に同化してしまえば，同じ問題が続くはずです。同化しないのであれば，本来の目的がそれではない以上，社会問題や望ましくない国民性の変化をもたらすでしょう。中国人は日本人よりもはるかに多様で格差が大きく，単純労働者と，（カナダやオーストラリアが受け入れているような，それなりの）技能・資格や資産の保持者とでは，文明度・洗練度が全く異なります。

日本に住む以上，交流は不可避で，多かれ少なかれ融合が進むと思われますが，その対象としてどちらを受け入れるべきかは自明です。下手をすると，日中の悪いところだけを併せたような国民性が醸成されかねません。

人口については，先述の通り，経済成長と政策と概念の変化によって，日本人自身で出生率を回復すべきなのです。労働力不足は，基本的には生産性の向上によって対応すべきです。例えば，医療や介護であれば，ロボットなどのテクノロジーの進歩によって対応するという未来図の方が，発展途上国の医師や看護師を引き抜いて現地での不足をもたらすよりも，はるかに夢があります。

●中国・世界から日本がより良く認識されるような文化交流の促進・文化産業の振興を

10年後の日中関係がどのようなものになっているべきか，という観点で言えば，これは理想論ですが，やはり大いに関係が改善し，お互いに少なくない割合の国民が，「好きな国」として挙げられるようになることでしょう。

そのために重要なのは，人的交流にも増して文化的交流です。中国の若い世代においては，既に実際に，好きな国として日本が首位に挙げられることもあり[※13]，これはやはり，日本のドラマやアニメの影響が非常に大きいと言えます。改革開放後に放送された映画・ドラマの中で，「東京ラブストーリー」は，当時の上海の若者に，自由恋愛の概念をはじめて知らしめた画期的なもののひとつだったそうです。もう少し年代が下ると，アニメの「スラムダンク」が青春の代名詞で，放課後はみんなで帰宅して観ていたそうです。日本に旅行に行った際には，アニメに出てきた湘南のシーンをわざわざ訪れる若者が少なくありません。

現在においては，台湾製と韓国製ドラマが人気です。日本においても，2003年の「冬のソナタ」に始まった韓流ブームで，韓国に親近感を持った人も少なくないでしょう。

韓国は，金大中大統領が，映画をはじめとする文化産業の振興を指示しました。それを受けて作成されたと言われる映画「シュリ」(1999年) は，韓国と北朝鮮の分断の悲哀を描き，世界に韓国の存在を改めてアピールし，そこでは冷戦が終わっていないことを思い出させました。

ハリウッド映画が，莫大な収益を生んでいるともに，世界中の人々に，米国に対して漠然とした親近感を持たせていることは疑う余地がありません。

宮崎駿のアニメ映画は，中国でも大変な人気と知名度です。経済が停滞気味の日本であればこそ，今後もこのような世界に通用するコンテンツが作成されるよう，大いに振興・支援すべきでしょう。

中国は，(文化大革命の後遺症か) コンテンツの作成に弱いというのが，これまでの内外の一致した見方でした。国内産業の育成や文化的な配慮から，ドラマや映画について，一定割合以上を中国産とするよう規制が導入されていますが，実際には国産映画枠の多くは香港製が占めています。

しかし，大陸産のドラマや映画のレベルも，上がってきていると言われます。友好促進という観点から，日本でも，日本人の感性に比較的合ったものをいくつか (商業ベースでは微妙であればNHKあたりで) 積極的に放送するようにする，というのはどうでしょうか。

また，中国に対して，客観性を欠いた，過度にディスるような報道は，やはり控えるべきです。この傾向は，むしろ「中国通」とされる識者に多いのが困ったところです。(※14)

そして，中国においても，(これはここで日本語で書いていても仕方がありませんが)，抗日ドラマの粗製濫造はやめて欲しいものです。きちんとした考証に基づいておらず，中国の製作者が考えた「悪行非道」であるのは，視聴者も分かってはいても，やはり悪印象を持ってしまうことは避けられません。

§5　中国の環境・資源問題

その他，中国特有の問題として挙げられるのは，砂漠化と水不足でしょう。

砂漠化・荒地化について，国家林業局の公表データによると，わずかですが改善傾向にあるようです(※15)。

水不足については，特に華北で深刻で，世界の貧水地域のひとつとなっています(※16)。これに対して，華南の水を華北に輸送する水路を構築するという，「南水北調」のプロジェクトが企画され，2兆元もの膨大な予算が必要で，技術的にも難易度が高いと言われていましたが，2015年12月に中線第一期が全線通水し，2016年3月に東線第一期(※17)が全線通水しています。

13億人が豊かになった時に，食料・資源が足りるのかというのも，懸念されている問題です。肉類の生産は，その数倍～10倍の穀物を消費し，それに対応する水資源を消費します。

既に，中国は食糧輸入国に転じていますが，これは経済発展により，低付加価値産業から高付加価値産業に移行し，労働力が，第一次産業から第二次・第三次産業にシフトしたことによります。今後，さらに輸入量が増えることが見込まれ，農産物価格の世界的な高騰が懸念されます。

資源の枯渇や環境の悪化による「成長限界論」は，これまで何度も論じられてきましたが，資源については，意外と柔軟性があること，具体的には需要が増え価格が上昇すると，その供給に関わる技術革新が起こって対応できてきました。石油についてのシェールオイルの利用と，現在の石油価格の低迷が非常に良い例でしょう。

2010年に，中国がレアアースの輸出を大幅に制限しましたが，多くの製品・製法について，すぐに代替物質・製法が開発され，ほとんど心配されたような影響はありませんでした。

一方で，環境について，特にグローバルレベルの問題は，市場メカニズムによっては解決しないことは明らかです。一時期懸念されたオゾンホールは，近年確実に縮んでいますが，これは，1987年のモントリオール議定書によって，フロンガス等の削減が合意されたことによります。

地球温暖化について，温室効果ガスの量が増え続けており，既に近年の異常気象の原因となっていると言われるなど，気候変動が懸念されています。これも心配されるような事態にはならないだろう，という論調もありますが，しかし，「グリーン革命」において著者トーマス・フリードマンが「１軒しかない自宅で，制御不可能な実験をしている」と引用している通り，資源との連想で楽観視すべきものではありません。

温暖化ガスの排出削減を目指し，2004年に発効した「京都議定書」は，世界的な枠組みを最初に定めた画期的なものでした。しかし，もともと温室効果ガス排出量第２位の米国が参加しなかったこと，当時から排出量第１位だった中国は発展途上国として対象外であったことから，有効性が疑問視されていましたが，2012年にカナダが脱退し，続けて日本が延長不参加を表明したことにより，完全に死に体となりました(※18)。

その後，2015年12月にパリ協定が採択され，「世界の平均気温上昇を２度未満に抑える」ことを目標として掲げ，そのために，全ての国が排出量削減目標を策定・提出することを義務づけ2020年以降５年ごとに見直すこと，などが合意され，ようやく本格的な全世界レベルの取り組みが始まろうとしています。

このパリ協定に対し，中国が早期に批准する方針を示し，注目を集めています。

また，中国国内での排出量削減の取り組みとして，第十二次五カ年計画の中で方針が示され，全国７都市での試行により，温室効果ガスの排出量がCO２換算で２万トンを超える等の条件に当てはまる企業について，削減目標の設定と外部監査が義務づけられており，既に日本企業の現地法人でも対象となる会社が出ています。また，発展改革委員会が，2017年には全国に展開する計画を表明しています。

これらの成果というよりも，現実には重工業の目下の業績が非常に悪いことによると思われますが，2015年に中国のCO２の排出量がはじめて前年比減少（1.5%）したと報じられています[※19]。

中国が国際社会で責任のある姿勢を示そうとしていることは，（少なくともその部分については）評価をされてしかるべきでしょう。

【注】

※１：中国国家統計局2015年。0.469（2014年），0.473（2013年）でわずかながら改善の傾向にあります。ジニ係数とは，値が大きいほど，その集団における所得格差が大きいことを示し，全ての人の所得が均一である場合に０となり，逆に全ての所得を１人が独占している場合に１となります。家計や所得の統計の取り方によって，数値がかなり変わるため，比較には留意が必要ですが，世界銀行の2014年調査，米国CIAの最新公表データ（2016年３月）で以下の通りとなっています。

	世界銀行		米国CIA	
	ジニ係数	調査年	ジニ係数	調査年
日本	38.1	2002	37.6	2008
中国	47.0	2007	47.4	2012
米国	48.0	2014	45.0	2007
ドイツ	28.3	2000	27.0	2006
英国	34.0	2005	40.0	2008－2009
フランス	32.7	2008	32.7	2008
オーストラリア	30.5	2006	30.3	2008
シンガポール	48.1	2008	47.8	2012
タイ	40.0	2009	53.6	2009
インドネシア	34.0	2005	36.8	2009
フィリピン	43.0	2009	44.8	2009
ベトナム	35.6	2008	37.6	2008
マレーシア	46.2	2009	46.2	2009

※２：二人っ子政策の前段階として，2011年には「双独二孩」(両親とも一人っ子である場合第二子を設けることができる)，2013年には「単独二孩」(両親のいずれかが一人っ子である場合第二子を設けることができる)，といった政策が地方別に実施されてきました。

※３：2012年１月に国立社会保障・人口問題研究所が公表した「日本の将来推計人口」より。

※４：2016年４月６日の国務院常務会議における「装備製造標準化と品質向上計画」の決定に関する談話より。

※５：グランド・ソントン・インターナショナルが2009年３月に発表した「国際商業アンケート調査報告」によると，中国大陸部私営企業の企業管理職のうち女性の占める割合は31％となり，世界36国・地域の中で５位（１位フィリピン，２位ロシア，３位タイ，４位ポーランド，日本はわずか７％で最下位)，また中国各都市の中でも，上海市と広州市は，私営企業に女性管理職の存在する比率が83％でトップだったそうです。

※６：この表現はよく知られていますが，毛沢東語録には収録されておらず，実際に本人が発言したわけではない，とも言われています。しかし，当時の共産党指導者が，このような趣旨で女性の活躍を促進したことは確かです。

※７：WHO（世界保健機関）による10万人当たりの年齢調整自殺率。キリスト教など自殺を宗教で禁じている国では低くなる傾向があります。日本もさることながら，韓国の高さが目につきます。日本以上に，ピアプレッシャー（周囲の圧力）の高い国民性が表れているように思われます。

	自殺率
日本	18.5
中国	7.8
米国	12.1
ドイツ	9.2
英国	6.2
フランス	12.3
韓国	28.9

※８：OECD統計サイト（http://stats.oecd.org/）での2016年３月時点の公表データ。日本は1980年台半ばには，ヨーロッパ諸国と同程度であったが，その後貧富の差が拡大したとされる。特に高齢化が進んでいることにより，数値が高くなっている要因もあります。

	相対的貧困率	調査年
日本	16.0%	2009
米国	17.4%	2012
ドイツ	8.4%	2012
英国	10.5%	2012
フランス	8.1%	2012
オーストラリア	13.8%	2012
韓国	14.6%	2012

※９：これには，税務上のメリットもあり，外国籍の個人は，中国での所得の４割まで，所得の税前控除を申請することができます。教養人や金持ちは中国人

でなくなる，という皮肉な事態をもたらしています。

※10：金無怠（英語名ラリー）。1922年８月17日北京生まれ，1940年燕京大学入学，1947年新聞学科卒業。

1938年より上海米国総領事館で通訳を務め，1944年に米軍福州連絡事務所勤務時に中国の情報機関の勧誘に応じる。1945年～52年の間に米国上海・香港総領事館，朝鮮駐留米軍の通訳。1952年からCIAで勤務，米軍と台湾情報ネットワークとの連絡責任者を務め，その間に台湾の人気アナウンサーと結婚。

朝鮮戦争期間中，多くの情報を中国に流し，中国軍の捕虜に含まれる「反共」メンバーの名簿に基づいて，中国軍が強く捕虜の返還を求め，朝鮮戦争を長引かせることにつながったとされる。

60年台後半には，米国の対中対外政策に関する情報を流し，中国の首脳部に米国の意向を事前に伝えた。中ソの関係が悪化し孤立する中で，1970年10月にニクソン訪中・国交回復の意向を事前に伝え，その実現に寄与したとされる。

ベトナム戦争中の，1963年に米国の全面介入を事前に伝えて，北ベトナムが対米戦の十分な準備をし，また1972年以降米国がベトナムに対して消極的となったことを伝え，南北ベトナムの早期統一に寄与したとされる。

米国CIA内で中国通としての地位を確立し，アジア部責任者に昇格し，勤務態度がまじめで数多くの表彰を受け，あと少しでCIAの副局長になるところであったと言われる。

情報の受け渡しは，主にトロント・香港などの第三国で行われ，別途，特に重要な情報の緊急伝達ルートを持っていた。中国が提供した100万ドルの資金を不動産に投資し，相当な財産を築いていた。

数十年間一点のミスも無く，妻にも気づかれておらず，中国の首脳部でも，数人しか知らなかった。1981年７月にCIAを退職。

1982年10月に，中国国家安全部外事局主任の兪強声が米国に亡命し，金無怠がスパイであることを推定できる情報を提供。1985年11月FBIにより逮捕。その６ヶ月後，刑が確定する前にバージニア州マナサス刑務所で自殺。63歳。

本人は，中国への送還を希望したが，駐米中国大使の「金無怠事件は，米国の反中勢力がねつ造したものである。中国政府は平和を愛好しており，米国にいかなるスパイも派遣したことはない。（中略）中国政府は，当該反中事件を認めず，この自称中国のスパイ金無怠氏を認識しない。」という声明に失望して自殺した，とされる。

※11：東南アジアの多くの国では，華人が特に経済界の上流階級を形成し，そのアイデンティティに強い誇りを持っているため，言語などの文化的な同化や，現地系従業員の採用枠などの配慮をせざるを得なくなっています。中国と陸続きの，ミャンマーやカザフスタンでは，街には中国語が溢れ，人民元が流通しています。

しかし，日本／日本人のアイデンティティは，それなりに強固で，日本に住んだ中国人のアイデンティティの喪失速度は，米国に準ずるものがあります。筆者の知る，日本勤務が長かった中国人が，子供たちの日本語ばかりがうまくなって，中国語が不自由で困っている，とこぼしていました。

観光局の統計によると，2015年には499万人の中国人が訪日しました。これは今後，少なくとも３～４倍に増加することが見込まれます。仮に，総人口の７％の移民を受け入れ，その半分が中国出身であるとすると，約400万人になり，旅行者と合わせて，常時1,000万人規模の中国人が日本にいることになります。彼我の近年の活力差を考えると，日本の中国化というのは，決して有り得ない懸念ではなく，このくらいの数を上限とすべきでしょう。

※12：法務省在留外国人者数と総務省統計局。OECD International Migration Outlook 2015によると，米国13.3%，ドイツ12.8%，英国12.3%，フランス11.9%。

※13：中国紙（環球時報）が2009年12月に北京など五都市で1350人を対象に電話で「最も好きな国は」と聞いたアンケート調査で，15～20歳の年代では「日本」との回答が12.3%で，米国やフランスを僅差で抑えて１位だった，と報じました。（一方，愛国教育が強化されていた1990年代に10～20歳代だった世代ではたった2.5%，その他の年代も５%弱）。この記事に対するインターネットネット上のコメントにも，「子供にもっと歴史を認識させるべき」とか「統計が不十分・バイアスがかかっているのでは」といった声から，「自分も日本は好き」とか「日本のアニメやビデオは良質で子供や大人が喜んで見るのも当然」といった声が寄せられていました。愛憎入り混じっている，というのは関係の深い隣人である

ことの証と言えるでしょうか。他にも，「中国はもっと国際親善路線をとるべき」だとか「国際関係はすなわち利益の衝突である」，といった，考えさせられるようなコメントもありました。

※14：日本においては，2016年３月に発表された内閣府の調査結果で，中国に対して「親しみを感じない」「どちらかというと親しみを感じない」と答えた日本人が83.2%となり，過去最悪となりました。反中・嫌中感情という意味では，むしろ日本の方が激しいと言えます。その観点からも，ぜひ報道の中立性・客観性に留意していただきたいものです。

※15：中国国家林業局公表による国土に占める荒地面積：27.5%（2004年），27.3%（2009年），27.2%（2014年）。砂漠面積：18.1%（2004年），18.0%（2009年），17.9%（2014年）。

※16：国家統計局の公表データで，全国１人当たり水資源量が1998.6立方メートル，北京では95.1，天津では76.1立方メートル。なお，日本は3,400，世界平均は約8,000立方メートル（国土交通省「日本の水資源の状況」平成27年版）。国連世界水アセスメント計画は，１人当たり年間1,700立方メートルの水が必要であり，500立方メートルを下回ると，「絶望的な水不足」であるとしている。

※17：中線第一期：1,277キロ，漢江中流の丹江口ダムから黄河をくぐって北京に至る。年間輸水量95億立方メートル，6,000万人の利用を想定。東線第一期：1467キロ，長江下流の江蘇，江都ポンプステーションから取水し，山東東平湖で分岐し，徳州・膠東半島に至る。年間輸水量88億立方メートル，１億人の利用を想定。

※18：World Resource Institute "CAIT 2.0"によると，2010年の温室効果ガス排出量は，中国22.7%，米国15.6%，インド5.7%，ロシア5.4%，日本2.9%，ブラジル2.6%，ドイツ2.1%。上位４ヶ国も参加していないのでは，世界的な枠組みとして機能しないのも無理はありません。

余談ですが，京都議定書に基づく，クリーン開発メカニズム（CDM，発展途上国の排出量削減に先進国が貢献した場合，クレジット（CER：認定排出削減量）として発行され，それを購入することで削減目標に代えることのできる仕組み）の半分は中国で行われており，水力・風力・太陽光・バイオマスなどの発電が実際に行われたことを認定する監査業務に，筆者は携わっていたことがあります。CERの価格は，2008年には21ユーロを超えていましたが，2012年には1ユーロを割り込むまでに落ち込み，京都議定書に基づく，中国における取り組みは事実上停止してしまいました。まがりなりにも日本が議長国を務めた世界的な枠組みに対して，日本の延長不参加がとどめを刺したことが遺憾だったものです。

※19：国際エネルギー機関（IAE），2016年3月の報道による。

第6章

中国事業のリスクマネジメント

> リスクを避けていては，その対戦に勝ったとしてもいい将棋は残すことはできない。
> 次のステップにもならない。
> それこそ，私にとっては大いなるリスクである。
> いい結果は生まれない。
> 私は，積極的にリスクを負うことは未来のリスクを最小限にすると，いつも自分に言い聞かせている。
>
> 羽生　善治

§1　リスクマネジメントのススメ

●リスクマネジメントは，経営者責任であり，現地法人の説明責任でもある

親会社・グループ全体の経営者の視点からは，中国にはさまざまな経済・社会問題があり，会社の中国事業はさまざまな特有のリスクにさらされているため，慎重にならざるを得ない，という発想に漠然となってしまう傾向があります。（それと同時に，中国事業への予算達成の要求だけは高いことも多いのが

困りものです)。

一方で，現地駐在員は，いろいろ心配をしても始まらない，または，そこまで悪いことは自社には起こらないだろう，とこれまた漫然と想定していることが多いのです。(そういう大きなリスクを心配するのは本社の仕事であるし，何か起こっても責任は持てない，というのが本音でしょう)。

そこでお勧めしたいのが，リスクマネジメントです。と言うと，現地駐在員のほとんどの方は，また本社向けの（面倒な）仕事が増えるよ，と思われるでしょうか。(実際，数の少ない管理担当駐在員には，機能別・テーマ別の，様々なコーポレート系の仕事や報告が求められ，これ以上は勘弁してくれ，というのが心の叫びであるのはよく理解しています)。

しかし，リスクは現場にあり，中国にいなければ実感できないリスクも多い中で，本社だけで中国事業のリスクマネジメントを行うというのも，ナンセンスな話です。

第2章で，現地から本社に，情報を適切に伝達することの重要性に言及しましたが，リスクについても，それに含まれます。日本で理解されにくいリスク，逆に日本で過大評価されているリスクについて，現地から説明しなければ，そのまま，戦略の決定・不決定がなされていってしまいます。

仕組みとしての，リスクマネジメントを持つことで，正式かつ有効な，ひとつの情報伝達の経路が確保されます。

経営者の立場からは，そもそも事故は起こるものですが，何かが起こった際に，それについて考えていませんでした，ということでは経営者責任を問われかねません。

リスクについて網羅的に挙げてもらい，影響と発生可能性を検討した上で，対策を講じない・講じるという，検討の手続きを経ていることが重要なのです。

なお，リスクの定義にはいろいろあり，狭義には「悪いこと」(※1) ですが，広義には「良いことを逃すこと」もリスクです。リスクマネジメントというまな板の上には，実質的にありとあらゆる経営課題を乗せることができるのです。（逆に言えば，どのようなリスクを重要ととらえるかは，経営の優先順位づけ次第である，とも言えます。）

●リスクアセスメントでは，とにかく様々なリスクをどんどん挙げてもらう

リスクマネジメントについて，ここではごく簡単に説明すると，以下のような取り組みが一般的です。

- グループディスカッション（またはアンケートやヒアリング）の形式で，事業運営に係る様々なリスクを洗い出す
- リスクの重要度と発生可能性を検討する（ここまでが「リスクアセスメント」）
- より大きなリスクについては，何らかの対策を講じる
- 以上をPDCA（Plan-Do-Check-Action）として回していく
- （リスクアセスメントやその他の機会を通じて）リスクに関する経営者・管理者・従業員の意識を向上させる
- 危機管理や事業継続計画など，関連する仕組みも整える。

中国現地法人でリスクアセスメントを行うと，１回のグループセッションで，100前後のリスクが出てくることが一般的です。（グループセッションの人数は，５～10人が適正ですので），拠点や部門ごとに分けて実施することになりますが，多くは同じようなリスクが挙がってくるため，（整理は大変ですが）セッションをやればやるほど，ますます増えていく，ということはありません。

中国現地法人で，よく挙げられるリスクには以下のようなものがあります。

図表21　中国現地法人でよく挙げられるリスク

- 日中関係の急激な悪化
- 中国政府（中央・地方）の外資企業に対する方針の変更
- 政府機関との関係の悪化
- 地域住民との関係の悪化・襲撃
- 許認可の更新失敗・突然の停止
- 政府機関・得意先への贈賄
- 仕入先との癒着
- 法令の執行状況の急激な変化
- 意図しない法令違反
- 突然受ける訴訟
- ネガティブな風評の広まり
- ストライキ・労働問題
- 工会（労働組合）の不適切な運営
- セクハラ・パワハラ
- キーパーソンの離職
- 個人情報の漏えい
- 駐在員のビザの取得・更新不可
- 出張者・駐在員がトラブルに巻き込まれる
- 労災・社内での事故
- ウイルス・大気汚染などによる従業員・駐在員の健康被害
- 自然災害（台風・洪水・大雨・大雪・落雷等）
- 火災
- 停電
- 重要設備の故障
- 盗難
- 重要データの逸失
- 重要データの流出
- コンピュータウイルス・ハッキングによる被害
- 知的所有権の侵害
- 重要なシステム・ソフトウエアの使用不能
- 通関の停止・遅延
- 税務調査
- 大幅・急激な為替変動
- 大規模な売掛金回収遅延・貸倒れの発生
- 不正・資金の横領

これらの他にも，さまざまなリスクが挙げられてきます。なお，ひとつのリスクが，他のリスクの原因になるため，何をリスクとしてとらえるかは，考え出すと深みにはまっていきます。例えば，キーパーソンの離職は，それによって業務に支障が出る，ということと，機密情報が流出する，といった複数の問題を引き起こしますが，機密情報が流出するきっかけは，他にもいろいろと考えられます。また，大きなリスクや，より場合分けされた細かなリスクが挙げられてきますが，リスクアセスメントの段階では，そのあたりは気にせずに，とにかく「ネガティブな影響のあること」をどんどん挙げてもらって，前後関係や粒の大きさは気にせずに，並べてしまうのが良いようです。

図表22　リスクの影響度と発生可能性（とプロットされたリスクのイメージ）

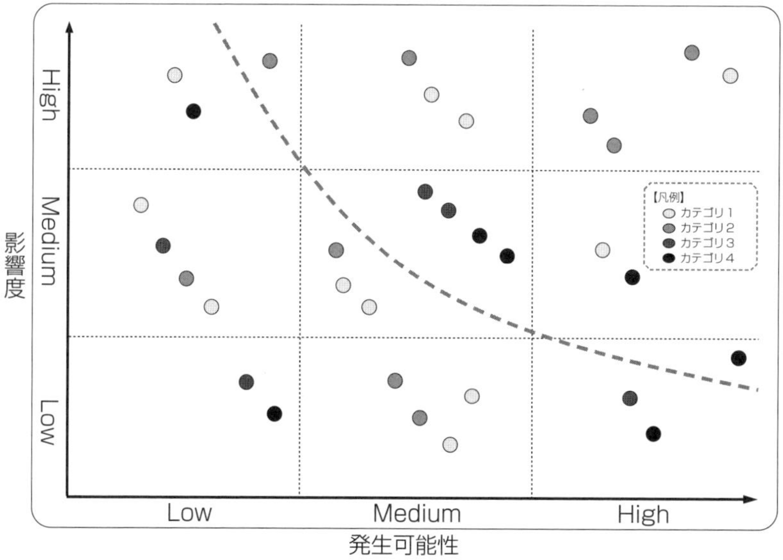

（出典：筆者作成）

これらのリスクに対して，影響度と発生可能性を評価して，上図のようにプロットし，影響度と発生可能性のより大きなものについて，対策を検討することになります。

対策には大きく，以下があります。

- 原因に対策を打つことで発生可能性を低減する

- 結果に対策をとることで影響度を軽減する
- リスクの移転（保険など）

なお，対策を考える段階で，同一の対策としたリスクについては集約していくことができますし，リスクの分類という意味では，対策の責任部署によって分類するというのが，最も実務的で有用です。

実際に出てくる対策の多くは，既存の部門の業務として既に組み込まれており，それが十分に行われているかを再検討する作業になりますが，その一方で，新たな取り組みを要するものも出てきます。

●リスクマネジメントを通じて，より合理的・全体最適な判断のできる管理職・従業員を養成する

リスクアセスメントの手法としては，ディスカッションが一般的ですが，これを通じて，普段とは違った視点での部門間のコミュニケーションが生じ，またリスクに関する意識が向上する，という教育効果があります。（むしろそれを目的として実施することも多いくらいです）。

こうして，リスクアウェアネス（リスク感度）が高くなった管理職・従業員は，より全体最適の観点から，より合理的な思考・判断できるようになることが期待できます。

例えば，売上目標達成のために，信用リスクが明らかに高い顧客にも喜んで販売をする営業マンでは，会社にとっては本当はまずいわけです。

もちろん，リスクアウェアネスだけに頼ることはできず，業績評価指標や従業員のモラルレベルなども重要です。しかし，この例で言えば，「リスクマネジメントの観点から，現状の売上目標だけの評価指標ではまずいのではないか」，というような意見が出てくるようになれば，リスクマネジメントが本当に会社に導入できている，と言えるでしょう。

●危機管理や事業継続計画も中国特有の要素を加味して検討する

危機管理（クライシスマネジメント）では，不測の事態が発生した際に，ど

のように対応・報告するかを予め検討しておきます。リスクマネジメントは，「事前」の予防という色彩が強いのに対して，危機管理は「事後」の対応を担当します。（どちらも，広義には双方を含むことがありますが，企業内の取り組みや担当部署としては，リスクマネジメントの中に危機管理を含めることが多いようです。）

企業における危機管理は，マスコミ対応が（特に本社では）ひとつの重点ですが，中国事業においても，ネガティブな報道やネット上の風説によって，反日感情の対象となったり，デモ・襲撃の標的とされることもあるため重要です。

第4章で挙げましたが，ネガティブな報道がされた場合に，速やかに然るべき対応を公表することで，災いを転じて福，とまではいかないまでも，ダメージを低く抑えることができた例があります。対応を誤れば，ブランドに大きな傷がつくことも有り得た状況です。

最近では，雲南で地震が発生した際に，すぐに寄付をした外資企業，しなかった外資企業がネット上で公表され，後者が大いに叩かれているような例もありました。

事業継続計画は，不測の事態が発生した際に，どのように主要な業務を継続するか，または速やかに復旧するかを検討します。

日本では，従来，大地震だけを想定していることが多かったのに対して，中国の日本企業が多く進出している地域では，リスクとしての地震は想定する必要が無いことになっています。しかし，自然災害で言えば，ここ10年以内でも，大雪や大雨で操業が停止した例があり，また地域住民の襲撃や，内部人員による破壊というのも，中国においては実際に発生可能性のあるリスクです。

想定すべき事態というのは千差万別であるため，最近では世界的に，事業の継続のために重要な資源は何か，ということに注目した，リソースベースドアプローチで事業継続計画を考えることが主流になってきています。例として，以下の5分野で事業継続に必要なリソースを考えます。

- 建物・施設

- 設備
- 情報システム
- 人的資源
- 外部協力者

資源としては，従来は情報システムが重視されてきましたが，それに限らず，従業員や設備・建物，また仕入先からの供給などを考えます。特に，キーパーツの複数購買は検討しておくべき課題です。また，より広い観点から，製品の代替生産地として，中国地域内の他拠点や，東南アジアで「チャイナプラスワン」を確保しておくことも考えられます。

§2　中国特有のリスク①　コンプライアンスリスク

前節で，さまざまなリスクを列挙しましたが，これらの中で，中国特有のリスクはどれか，という観点で考えると，①文化や地理的特性による，その国固有のリスク，②経済が未発展である，もしくは急速に発展中であることに伴う，多くの新興国に共通するリスク，③普遍的なリスク，そして，これらの複数に属するものがある，と言えることが分かります。

この概念に沿って，代表的なリスクの一部を整理してみると，図表23のようになるでしょうか。

こうして見てみると，本当の意味で中国特有のリスク，つまり，中国の経済が十分に発展したとしても，特有のリスクとして残ると思われるものは，実はそれほど多くありません。

●中国におけるコンプライアンスには広大なグレーゾーンがあることを理解する

そうした中でも，中国におけるコンプライアンスには独特な要素があり，こ

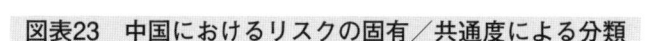

図表23　中国におけるリスクの固有／共通度による分類

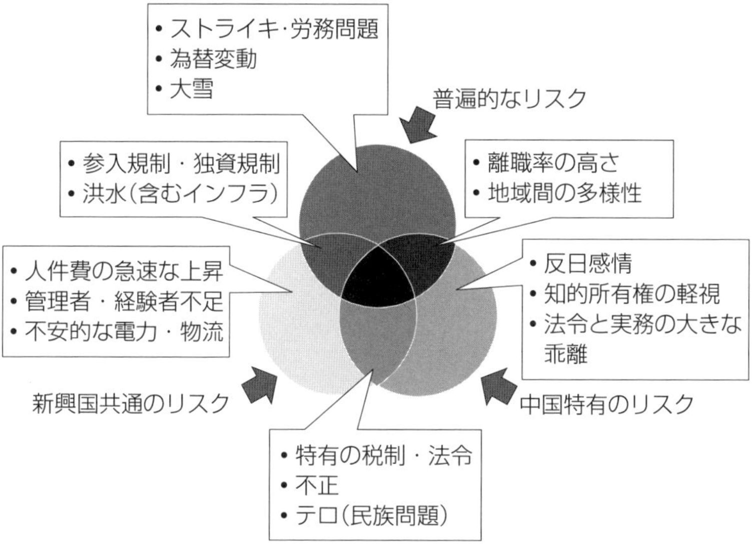

（出典：筆者作成）

れは今後も相当な期間，傾向として続くものと思われます。

もともと共産主義として高い理想を掲げているところから，法規制は立派なものを制定し，現実との乖離は運用によって調整するという実務があらゆる領域で見られます。これにより，本当に順守しないと摘発される可能性のより高い法規制と，そうでもない中国的な（広大な）グレー領域が生じるのです。

日本の順法精神の感覚からかけ離れた，中国の重要・基本的な法律であるのに順守することが実務的に必要とは言えない法令の具体例を挙げると，労働法における月あたり36時間の残業時間の上限や，会社法（公司法）に基づく監査役・監査委員会の設置（2006年の新公司法施行以前に設立された会社）などがあります。

中国の法律そのものは，多くの領域で，既に相当整備されていますし，実際に裁判となった場合の判例等も，多くの場合，合理的であることはよく認識すべきです。先進国でも，古い法律が実態に合わなくなり，あまりきちんと施行されていないという状況は見られます。しかし，守られることを想定せずに新しい法律が出る，出たばかりの法律が守られない，というのはあまり考えられません。

中国では，新たな法令が出ても，各地方で細則（運用ルール）が出されるまでは，実際には適用されない，という状況は日常茶飯事です。例えば，全国ルール（会計電算化工作規範）により，会計システムの使用に関して申請と認証が必要で，外国企業製の会計システムについては，個別に申請することが必要とされていましたが，実際には，上海市でしか導入されていませんでいた。(例えば，江蘇省で当局に確認したところ，受付の仕組みが無いため申請不要，という回答がありました)。なお，2013年12月に出された「企業会計信息化工作規範」によって，「会計電算化工作規範」は廃止されており，会計システムの認証制度は根拠を失っていると考えられますが，逆に正式に廃止されたとも伝えられていません。

法規制の適用開始が過去日付になることは，さすがに最近は減ってきていますが，施行日が非現実的なほど近い将来のケースはたびたび見られます。当然ながら，対応の間に合わない企業が出るので，これもグレー領域となり，必然的に弾力的な運用が行われます。

この「運用」が，地方や管轄や担当官によって異なる，というのが悩ましいところです。

●中国における然るべきコンプライアンスのレベルも年々変化していることに留意する

中国では，普段は誰も気にしていない，または存在すら知られていないような法令で，突然取り締まられるというリスクが常にあります。従来であれば，当該官庁の担当官との関係維持が十分でなかったか（小遣い欲しさにやってきたか），という発想で対処するところですが，近年は，嫌がらせなどではなく，突然まじめに運用を開始しただけ，ということも有り得ます。

特に許認可や経営範囲に関して，グレーゾーンで経営せざるを得ない業態においては，即座に事業停止に追い込まれることも有り得るため，非常に大きなリスクです。

経済発展に伴って，従来は放置されていた事項が，取り締まられるような状況も増えてきており，例えば，国家主席の提唱している反腐敗の方針によって，商業賄賂などは，2013年より前と以降とで，コンプライアンスリスクが大きく異なります。

中国企業（特に私企業）が，税金や従業員の年金・手当，知的所有権の使用料など，払うべきものを払わないことによって競争力を維持している，というイメージや批判も一面の事実として当てはまります。しかし，中国企業の立場から見れば，より高い技術力を持っている（ことが多く），優遇政策まで享受している（場合もある）外資企業と対等に戦わされているわけですから，そうでもしないと生き残れない，というのは個々の企業によっては厳しい現実でもあるのです。

しかし，そのような手法は，中国企業ですら，近年ますます「割に合わなく」なってきていると言えます。外資企業が，恣意的な運用によって不利益をこうむるケースも減ってきている一方で，外資企業に対する優遇政策もほとんど無くなってきています。特に日本企業は，そのような黒い領域（や濃いグレーの領域）に踏み込むことなく，高いコンプライアンスレベルを維持することが適切でしょう。

その際，年々変わる，求められるコンプライアンスの状況によく留意し，自社だけ取り残されていた，ということの無いようにしたいものです。

§3　中国特有のリスク②　食品安全と健康に係るリスク

リスクアセスメントにおいて，「白酒を飲まされすぎて昏倒する」，というリスクが出されたことがあります。ちょっと可笑しみのあるシチュエーションですが，実際，外回りを業務とする駐在員・現地管理職にとっては切実な問題で，死亡することすらあり得ます。

健康と安全に関する問題は，どちらかというと従業員・駐在員にとってのリスクですが，企業もそれに無関心であるべきではないでしょうし，人材という観点ではもちろん，企業経営にとってのリスクでもあります。

数年前，日本から現地の様子を聞かれることの多かった鳥インフルエンザですが，最も流行した2013年の感染者が127人死者24人，その後2014年2015年は死者数名にとどまっており，現実的な脅威としては，限定的であると言えます。(中国における近年の交通事故死者数は６～７万人で推移しており，確率論から言えば，鳥インフルを心配するよりも，交通事故を心配すべきである，と申し上げたものです。)

「人から人への伝染」は確認されておらず，喉元を過ぎた感がありますが，しかし，もしそのような事態が発生した場合は，（もはや中国特有のリスクとは言えませんが）世界的なパンデミックが起こることが懸念されています。

なお，鳥インフルが発生した原因は，2013年３月の数日置きの激しい寒暖差によって，鳥が風邪をひいたからだと言われています。天災と言えますが，寒暖差に地球温暖化の影響があるとすると，人災としての要素もあるかもしれません。

ちなみに，2002年のSARSに際しては中国政府の認識・対応の遅さが，感染を拡大させたと批判されたのに対して，2013年の鳥インフルについては，対応や報道が遅いということは特に無いようで，そういう意味では評価されています。

SARSの天然宿主は，当初広東料理の食材にもなるハクビシンと言われましたが，その後，キガシラコウモリであることが分かっているそうです。多くの疫病は，熱帯雨林・原生林を人間が開発したことにより，動物から人間に感染して広まったと言われますが，SARSについても，中国の高度経済成長と無関係ではないかもしれません。

同じく2013年の黄浦江の豚大量死は，約１万3,000匹の死んだ豚が，上海市中を流れる黄浦江の上流に遺棄されていたという事件です。鳥インフルエンザの発生地と見られる無錫・上海に近いことから関連が疑われましたが，検査の結果，インフルエンザウイルスは出なかったとのことです。

一説には，これもその年に激しかった寒暖差が，環境の劣悪な養豚場での大量死をもたらしたと言われていますが，ネット上での噂では，養豚業者は，豚の肌の色つやを良くするために，出荷前に有機ヒ素を餌に混ぜることがあり，これが，当時出された，新政権の官官接待の自粛指示によって，春節前後の宴会が大幅に減少し，当該嘉興地区で770万頭も飼われている豚の一部の出荷が遅れ，屠殺される前に有機ヒ素で毒死したとも言われています。トンでもない話ですが，中国では実際，大いにありそうな話です。

●バランスよく食べることが重要…栄養だけではなく潜在的な有害物質の観点からも

中国の食品安全は，これまたデタラメなことが多いところで，ニセモノ天国に通ずるところがあり，中国の文化的特性が背景になっていると考えられます。

筆者自身の家でもつい最近，ラディッシュを酢漬けにしたら，白くなったことがありました。（普通の小さなカブに，赤い色をつけてラディッシュと偽って売っていたわけです。）

食品安全問題の代表例として，2008年の牛乳メラミン事件があります。メラミンというのは，耐熱性プラスチックの原料で，これを牛乳に混入すると，品質検査で高脂肪の良質な牛乳という評価が得られますが，人体に有害で腎結石を引き起こすものです。このメラミンが意図的に混入された牛乳で製造された粉ミルクを飲んだ，約４万人の乳幼児が病院に行き，うち４人が死亡したことで大問題となりました。司法当局も重く見たものとみられますが，メラミンを製造・販売した業者の主だった３名に対して死刑が執行され，粉ミルクの製造会社の経営陣も懲役の実刑判決を受けています。

筆者の身近にも，毎日牛乳を飲んでいた企業の駐在員で，（どこまで直接的に影響しているかは不明ですが）腎結石を患った方がいました。（死ぬほどの苦しみだったとおっしゃっていました。）

「いろんなものをバランスよく食べなさい」とは，子供のころ，栄養の偏りを防ぐために言われた記憶のある方も多いのではないかと思いますが，害のあるものを過剰に摂取しないという観点からも，食品安全についてのリスク対応の本質をとらえているように思えます。

現地にいると，天候と並んで挨拶で言及されるのが，PM2.5の濃度です。（「今日はちょっとPM2.5の数値が悪いですねぇ」「そうですねぇ」という具合です）北京の米国大使館が公表を開始し，2009年に報道等で取り上げられクローズアップされたものですが，PM2.5が米国で環境指標に追加されたのは1997年であり，世界的に認知されたのは比較的最近のことではあります。

中国科学院の調査によると，北京市でのPM2.5の発生源は，市内の自動車・バイクの排気ガス25%，周辺地域からの流入19%，暖房供給に伴う煤煙19%，調理に伴う排煙13%，工場からの排煙８%，砂塵８%，とのことです。

華北では，冬の暖房の石炭ボイラーや，黄沙などから特に悪い数値となっていますが，中国全体でPM2.5の濃度が高いのは，自動車・バイクの排気ガスによるところが大きいのです。経済発展に伴って，車が増え続けてきたことが主因であると言えます。

なお，これも噂の域を出ませんが，自動車やトラックへの環境規制はかなり進んできており，従ってエンジンが悪いのではなく，悪いのはガソリンの品質，つまり大手国有企業である石油会社の精製設備が悪いのではないかと言われています。

PM2.5も，2013年の冬がピークで，２月には上海でも数日間500マイクログラム／立方メートルを超え，数十メートル先は白く濁って見えないような状態が続きました。その後，年間平均濃度では，北京が2013年が89マイクログラム／立方メートル，2014年が86，2015年81，上海が60，52，51で，データでは大きく改善しているように見えませんが，200や100を超える日は着実に減ってきている，というのが現地生活者の実感です。北京環境保護局によると，2016年1～8月のPM2.5平均濃度は前年同期間に比べて12.5%減少したとのことです。

火力発電所への脱煤塵装置の設置なども進んできており，以前は，検査時だけ稼働させていたものが，今は常時稼働でありかつ遠隔監視されている，と言われています。石油精製業界でも，取り組みが行われているようで，他の環境問題と同様に，これも一応改善に向かっていると言えそうです。

ところで，中国から帰国した，一家３人の家族が健康診断を受けたところ，両親が医師から，「息子さん（小学生低学年）が，こっそりタバコを吸っているかもしれませんよ」，と耳打ちされたという話もあります。PM2.5の健康被害は明確にされていませんが，250を超えるような重度汚染の日には，端的に言うと，常時タバコを吸っているようなものだ，などと言われます。

肺がんによる死亡者は，日本が2015年で約７万7,000人であるのに対して，中国においては約61万人（※2）で，ほぼ人口比と一致しているように見えます。しかし，タバコの喫煙率と肺がんによる死亡率との相関関係には30年くらいの時間差が出る，ということなので，今後さらに増える，という予想はおかしなものではないでしょう。

その一方で，中国の平均寿命はかなり長くなってきており，男性74.3，女性77.3，最も平均寿命の長い上海では，男性80.4，女性85.0となっています（※3）。

これだけ食物も水も空気も問題だらけの土地で，それだけの長寿を実現できるのですから，人間というのは，意外と丈夫なものだと感じさせられます。

これらの健康と安全にまつわるリスクは，生活者としては無視できない懸念事項ですが，多くの日系企業にとっては，むしろビジネスチャンスであると言えます。

中国での所得水準が上がるにつれて，食や飲料への安全性や，ホンモノへの需要は高まるばかりで，日本企業製への信頼には厚いものがあります。環境や安全に関わる規制についても，当然に厳しくなる方向であり，これもほとんどの日本企業の事業にとって有利に働くのは間違いありません。

より多くの日本企業が，中国でのリスクに対応しつつ，そこから生まれるオポチュニティを生かし，中国に住む人々に，安心と安全を届けて欲しいものです。

§4　中国特有のリスク③　サイバーリスク

中国が既に世界の主役級になっている，サイバーに係るリスクも，ニセモノ天国に通じる，闇の多い領域です。

公安が2015年４月に公表した，十大ネットワーク犯罪では，2012年～2014年にかけて取り締まった大規模インターネット犯罪を挙げており，金融機関へのネットワーク侵入による現金詐取（1,000万元超），ウイルス感染による情報入手からの現金詐取（被害額2,000万元超），携帯リモートコントロールからの現金詐取（被害額2,000万元超），賭博サイトの運営（凍結賭博資金6400万元超），大規模ネットワーク攻撃の脅迫による現金要求（被害額46万元超），個人情報の不法売買などが挙げられています。

つい最近（2016年８月），大学の新入生をターゲットにした詐欺で，学費と生活費を詐取されて心臓麻痺で亡くなったり（山東省），自殺する事件（広東省）が相次ぎ，問題視されています。山東省の事件の手口は，大学への入学予定者の個人情報を入手し，実際の政府教育部門の電話番号が表示される形で奨学金を出すという趣旨の電話をし，学費生活費9900元を振り込むように指示して詐取した，というものでした。

その後（2016年９月），被疑者８名が逮捕され，18歳の四川の少年ハッカーが，山東の高考システムにセキュリティホールがあることを発見し，60万人の受験生データを入手し，５万元で販売していたことが判明しました。伝統的な詐欺に見えますが，その手法には，最近のサイバーリスクに関わるものが使われているのです。また，電話をかけたのは江西省にいた福建省出身者のグループで，他に振り込まれた現金を引き出す担当がいたことが分かっています。中国におけるセイバー犯罪は，個人情報の収集・販売業者，犯罪スキーム・電話シナリオなどの作成者，実行部隊，など複数に分業された「産業化」が進んでいると言われます。

CNCERT（国家インターネット緊急対応センター）より，2015年のインターネットセキュリティ事件について，以下が公表されています。

図表24　主要なインターネットセキュリティ事件報告件数

セキュリティ事件の類別	2015年発生件数
中国国内のコンピュータウイルス感染	30,540,000
中国国内のホームページ改ざん	93,692
（うち政府機関のホームページ）	2,503
中国国内のホームページバックドア（※４）	99,582
（うち政府機関のホームページ）	5,305
中国国内のニセホームページ	196,900
CNVD（国家情報セキュリティホール共有プラットホーム）が収集整理した情報システムのセキュリティホール	8,080

（出典：CNCERTのインターネットセキュリティ脅威報告）

上表の中で興味深いのは，政府機関のホームページの改ざんやバックドアが相当数報告されていることです。日本の政府機関のホームページが，中国のハッカーによって改ざんされた，というのが時々騒がれていますが，中国の政府機関のホームページもそれ以上に改ざんされているということです。

中国は，ハッカーの数も世界有数だと言われています。（先の事例でもそうでしたが）CNCERTの報告書でも，ハッカーの年齢は若く（平均20～30歳，14～15歳の者も），裏社会とのつながりがある場合が少なくない，としています。

また，最近急増しているのは，スマートフォンのAppsに問題のあるケースです。報告しているいくつかの会社のデータで，2013年には数十万件，2014年には数百万件，2015年には一千万件を超えており（※5），もしかすると，中国で今最も成長が著しい分野かもしれません。このほとんどはアンドロイド携帯で，2015年末時点で，約3億台のアンドロイド携帯が感染しているとされています（※6）。

内容としては，悪意の料金発生，データ抜き取り，ローグウエア（広告のポップアップなど），リモートコントロール，リソースの消耗，システム破壊などとなっています。

特に悪意の料金発生は，消費者に直接的に金銭被害を与えるため社会問題となっており，消費者の日のCCTVの特別番組（3.15晩会）でも，2014年と2016年に取り上げられています。

●日本企業も然るべきセキュリティ対策を

個々の企業にとってリスクとなるのは，機密情報や個人情報の漏えいでしょう。

2012～2013年頃には，百度（検索・資料共有サイト）に，日系企業の社内資料が大量に掲載されていることが発覚し，問題になりました。(結局，さほど機密と言えるほどのデータは無かったようです。百度は，基本的に資料交換プラットホームであり，本当に売れるような資料は，そのような場には出てこないのでしょう)。

一方で，顧客リストや設計図面が，実際に同業他社に売られることがあります。目先の競争優位を崩しかねない，手痛いタイプの情報漏えいであると言えます。化学企業の調合表や，メーカーの長期開発計画など，さらにセンシティブな情報が，現地法人に所在することもあります。

機密情報のプロテクトについては，第３章で概要に触れたので，ここでは，セキュリティに係る手法とツールを挙げておきます。

- USBや外付けハードドライブの使用許可を限定すること
- ウェブへのアクセスを限定すること（ウェブへのアップロードというのがよくある情報漏えい経路のひとつです）
- メールの送信先を制限，または外部へのメールにはCCに上司等が自動的に入るようにすること
- メールの添付ファイルには自動的にパスワードがかかるようにすること
- PC持ち出しを限定すること
- 携帯やPCのレンズを制限すること

なお，職務分掌を適切に行った上で，基幹システムやファイルサーバーのアクセス権限を，業務の遂行に必要なものに限ること，さらに，特に重要な情報については，アクセスできる人員が限定されていることが前提です。

見ていただければ分かるように，結局のところ，ツール等を導入して制限したとしても，業務上必要であるなどの理由で，制限外のメンバーがアクセスできる情報は，流出のリスクにさらされます。（それを逆手にとって，意図的に誤りや標識を含んだ情報を置き，それによって，誰が情報流出させたかを特定する，という手法もあります。）

ベストプラクティスとしては，技術専門職・管理職など最重要機密にアクセスすることが必要な人材には厳格に制限を適用し，営業管理職など制限が適さない人材は最重要機密にはアクセスしない，という設計が望まれます。

●中国の情報統制について理解する…分断されたソーシャルネットワークメディア

情報をプロテクトすると，中国の法令に触れるのではないか，というのが時々聞かれる質問です。

「商用密碼管理条例」（「密碼」はパスワード・暗号）によって，商用パス

ワード・暗号製品は，国家監督機関が指定した単位（組織・企業）でしか生産できないこと，許可を得た単位でしか販売できないこと，製品の品目と型番は監督機関の認証と検査合格が必要であること，などが規定されており，実際にハードディスクの暗号化ソフトウエアなどは，当該条例に沿った許認可を経て販売・使用されています。使用者・使用企業としても，中国での認証を受けていない関連製品を持ち込んで使用しないように，留意すべきです。

このあたりの法令は，執行の強度は高くない（取り締まられる可能性は高くない）一方で，中国の国家安全に関わる違法行為（例えばスパイ行為）だと断定されると，非常に厳しい処分がとられることも有り得るため，リスクとして軽視すべきではありません。

しかし，いわゆる暗号技術はさまざまな製品の中でも使用されており，例えばGPSや自動車の車両内部の信号は，干渉を受けてはまずいので暗号化されており，これらの製品が商用パスワード・暗号製品に該当するかどうかは，グレー領域になっています。

中国では海外からの情報流入を規制しており，2014年５月に，Googleが中国政府と対立して，中国国内でのアクセスが全面的に禁止なりました。（Yahoo!は，普段は見られますが，時折開けないことがあります。）

海外からの情報流入は全般に規制されており，Facebook，LINE，Twitter，YouTubeなど全て，普通には見ることができません。欧米系のホテルなど特定の場所ではアクセスできたり，またVPNを通せば通常は使えますが，本気で止めたい情報がある際には，VPNを使っても見られないこともあるようです。

出張者などにとって，普段使えるソーシャルネットワークメディアにアクセスできないというのは，非常にストレスを感じさせられるところです。日本からは距離も近く，出入国も容易で，特に上海あたりでは，食べられない日本料理や，手に入らない食材や日用品も（ブランド等を選ばなければ）ほとんど無い中，本来は国境の無いインターネットの世界で改めて，中国が世界の他の部分から隔絶した特殊な国であることを痛感させられるというのは，皮肉なものです。

ちなみに，微信は中国政府，Facebookは米国政府，LINEは韓国政府が，それぞれそこでやりとりされているメッセージ等を監視・分析している，と噂されています。

§5　中国特有のリスク④　チャイナリスク

中国特有のリスクとして，いわゆるチャイナリスク，中国のカントリーリスクについても触れないわけにはいかないでしょう。

図表21の最初に挙げたような，「日中関係の悪化」や「日系企業に対する中国政府の方針変更」，またその背景にある「反日感情」などが典型的なチャイナリスクです。

2012年の反日デモの際には，日本企業のスーパーマーケット・工場が襲撃・放火されたり，（ほとんどが中国人経営・所有の）日本料理店・日本車が壊されたり，といったことが実際に発生しました。また，2005年のデモでも，大使館・領事館への投石や料理店の破壊が行われました。

商船三井が，日中戦争開戦時に賃借していた船についての損害賠償に関して，2014年に中国の裁判所に船を差し押さえられ，40億円の供託金を支払ったのも，この種のリスクの例だと言えます。

●単純に日本を嫌っている人は決して多くないことを理解する

「反日感情」についてぜひ理解していただきたいのは，前章で触れたように，大多数の中国人が単純に日本を嫌っているということでは決して無く，海外・先進国への憧れとコンプレックス，反日教育とアニメ・漫画などの影響が複雑に混じっているということです。（とはいえ，年配者の中には，日本企業製は一切買わない，という筋金入りの反日家もいるようです。その一方で，若者を中心に，日本に好感を持っている人も実際には少なくありません。）

また，ほとんどの中国人は，国家レベルの出来事・関係は，自分自身とは遠い出来事だと感じており，身近な人間関係や，商売上の取引関係がそれによって影響されるべきだとは考えていません。

筆者自身，9年半中国に滞在して，事務所の中，またクライアント企業の中国人から，日中関係や歴史問題などについての話題を振られたことは，本当に一度もありません。(タクシーの運転手や美容師が言いだしたことはあります。)

ちなみに，常識的な中国人は，政治の話題は基本的に避けます。(欧米では，政治や宗教の話題は避けるというのがマナーですが，それに少し似ています。) しかし，話題として，特に現政権・政策批判や，文化大革命を連想させるような内容はタブーに近い一方で，共産党の腐敗や，日中の歴史関係は（決して上品な話題ではありませんが，現地の人が話題にする分には）問題ありません。(難しく感じられるでしょうか。)

さらに言うと，特に民営企業や華僑系のビジネスマンは，そういう金儲けからかけ離れた大きな話をするのは，商売人として地に足がついていないというような，ある種の職人気質のような感覚があります。また，官僚でもある国有企業の幹部であれば，一般人にも増して，政治的な見解ととられるような言動には慎重です。

これだけ日中の経済が緊密になっている現在，本格的に関係を悪化させることは合理的でないと考えられますし，そういった配慮も中国政府に見受けられる一方で，よく言われることですが，指導部は対外的に強硬策をとらなければならない局面・事情もあるようです。

（特に日本の）世論がそういう方向に流れた場合，（中国の指導部が）背に腹は代えられない状況に追い込まれたような場合，日中関係が極端に悪化する可能性は，残念ながら無いとは言えません。

●グループ経営の観点からは，中国依存度が高くなりすぎないことも重要

やはりグループ経営の観点からは，チャイナリスクについて，冷静に検討する必要があるでしょう。

特に生産については，しばらく前から「チャイナプラスワン」が言われています。必ずしも中国である必然性の無い機能は中国に置かないという選択も重要で，特に研究開発などは，慎重であるべき機能です。

その一方で，市場としての魅力には，圧倒的なものがあります。この獲得のための投資は，(特に本書の前半をクリアし，勝ちパターンが見えてきている企業にとっては)，チャイナリスクを加味しても引き合うはずです。

しかし，中国市場への依存度が極端に高まり，一本足打法になってしまうのも，望ましい状態とは言えません。中国以外の市場においてもバランスよく勝てることが本来の姿でしょう。

§6　撤退について

●撤退を決定すべきなのは，事業としてうまくいく見込みが無くなったとき

2012年の反日デモの際に，中国からの「撤退」が言葉として聞かれるようになりました。筆者自身も，撤退に際して考えておくべきリスクや手順について質問されることが出てきましたが，しかし実際に撤退にまで踏み切った企業は，ほとんどありませんでした。(少なくともそれ以前から増えたわけではありませんでした。)

しかし，2014年末～2015年にかけての円安の局面では，実際に撤退する企業がちらほら出ました。既にかなり高くなっている人件費に加えての円安で，特に海外輸出向けの生産会社が立ち行かなくなったのです。

前節までに見てきたような，様々なリスクが顕在化したとしても，それで損失はこうむっても，撤退まですることになる企業は多くありません。結局，撤退すべき状況というのは，経営環境の変化によって，事業としてうまくいく見込みが無い状況に追い込まれた時であると言えます。（逆に言えば，反日デモも短期的に収束しなかったとしたら，撤退に向けて動く日本企業も出たことでしょう。）

中国に進出した日本企業は，失敗して撤退しているケースも多いというイメージがあるかもしれません。しかし実際は，少し前データになりますが，1987年から2004年にかけて中国に設立された日系会社の撤退率（残存登録企業数÷累積登録企業数）は４割弱という数字が出ています。他の外資では，韓国企業４割強，米国企業５割，台湾企業６割弱，香港企業６割となっており，むしろ日本企業は，最も継続的に頑張っていると言えるのです（※7）。

中国に子会社を設立するような日本企業は通常ある程度の規模があるでしょうから，単純に比較することはもちろんできませんが，日本の中小企業白書によると，同じ時期の日本における開業率と廃業率はともに毎年４％前後で推移しており，同じように撤退率を計算した場合，４割を大きく超えます。残念ながら相当するデータがありませんが，中国企業もまず間違いなく，それ以上の割合で開廃業しているでしょう。

●中国での企業清算は，正しい手続きを踏むことと税務・労務リスクがポイント

中国での企業清算は難しいと言われます。実際，日本と同じような感覚で取り組むと，非常に痛い目を見たり，にっちもさっちもいかなくなることがあります。しかし，抑えるべき手続きと順序を誤らなければ，数か月で完了することも可能です。（逆に言えば，順調にいっても，そのくらいはかかります。）

しかし，そもそもの事業撤退という目的を達成するために，必ずしも会社を清算する必要はありません。事業撤退に際しての手法には，主に以下の３つが

あります。

- 会社清算
- 事業譲渡
- 事業縮小→休止

会社清算の具体的な手続きは筆者の専門外ですが，参考までに主要なステップを記載しておきます。なお，営業許可証（工商局），組織コード証明書（技術監督局），税務登記証（税務局），社会保険登記証（社会保険局），統計登記証（統計局）の５種類の登記が「社会信用コード」に統一されることが，2015年７月に決定され，2016年の複数の通知を受けて，実際に始まっています。以下の情報は，まだ５種類の登記が分かれている前提で，この抹消の手順が，間違えると清算手続きが先に進まなくなってしまうため非常に重要でした。統一後の手続きについては，また確認する必要があります。

図表25　会社清算の主要ステップ

- 董事会の事前解散決議
- 対外経済貿易局への解散申請・批准
- 社会保険登記の抹消
- 税関の抹消および審査
- 地税と国税の登記抹消および審査
- 清算委員会の設立
- 債権者への通知書の発行
- 清算広告
- 工商局への清算名簿の提出
- 精算報告書の作成
- 外貨管理局に清算による海外所得資金を送金
- 外貨管理局の外貨登記証の抹消
- 取引銀行の口座抹消
- 工商局の会社登記の抹消
- 検査検疫局の抹消
- 技術監督局の組織コード証明書
- 統計局の統計登記の抹消

会社清算における，大きなリスクポイントは，税務と労務です。

会社が無くなればその後の税収が無くなるわけですので，会社清算に当たっての税務調査（上表の中の，税関および地税と国税の抹消に当たっての「審査」）は，実務上必ず行われると言われ，かつ厳しいものになる傾向があります。

税務申告や税関について，グレーゾーンに属する処理があると，それが指摘され，延滞金や罰金で，莫大な金額になる可能性があります。

労務についても，現地従業員にとっては，雇用が無くなるわけですので，非常にトラブルになりやすいことは容易に想像がつくでしょう。伝え方やタイミングを誤り，ストライキやサボタージュ，労働訴訟を起こされるケースも少なくありません。従業員に対する補償としても，労働契約法で求められる経済補償金に色をつけて，多めに支払うことが実務的に多いようです。

また，清算実務のために残ってもらう人員の選定も重要で，早期に確保に動く必要があります。

●事業譲渡や事業縮小からの休止も有力な選択肢

撤退に際しては，実際には，まず事業譲渡を検討し，どうしても引き取ってくれる先が無い場合に，会社清算を考える，というのが通常です。

事業譲渡には，持分を売却する場合と，法人格を残して事業だけを譲渡する場合があり，いずれも，譲渡益に関する税金が発生します。法人そのものを中国企業に売却する場合には，外資企業のステータスが変更になることから，優遇政策等が過年度に遡及して取り消されることがあります。

労務については，雇用が継続される場合・人が多いため，格段にリスクが少なくなりますが，それでも，相応の説明や対応が必要になってきます。

ちなみに，中国の私企業では，罰金や債務に関する係争などの大きな問題が発生すると，法人を抜け殻にして実態をよそに移してしまう，という対策をとることがあります。いわゆる「夜逃げ」とは少し異なり，法的責任だけを元の法人格を残して，実態としての事業は，新たな法人でそのまま継続するというものです。彼らなりのリスクマネジメント手法であると言えるかもしれません。しかし，中国の裁判所も，その実態を理解していて，環境法令違反の裁判などでは，（少々法理論を逸脱して）経営者に債務を遡及させているような例が見られます。

日本企業は，このような手法は理念的にも選択肢に入れないでしょうし，築いてきたものを捨てることになるものという費用対効果の観点からも，現実的ではないでしょう。

しかし，事業撤退という観点からは，規模を徐々に縮小し，最終的にはペーパーカンパニーにしてしまう，というのは，（経営許可の観点からいささかグレーではありますが）違法ではありません。

債務や罰金を支払わないのは，違法であるばかりでなく信義にもとりますし，脱税のような時効の無い犯罪行為に手を染めている場合には，大きなリスクになります。そのような穴の無いような形であれば，事業縮小を経ての休止というのも，現実には有力な選択肢です。

【注】

※1：米国COSO委員会より，2004年に公表され，その後何度か改訂された内部統制フレームワーク，COSO-ERM（エンタープライズリスクマネジメント）では，「ある事象が生じることで目的達成を阻害する影響を及ぼす可能性」と定義されています。また，リスクの種類として，「戦略リスク，ファイナンシャルリスク，オペレーションリスク」「事業機会に関連するリスク，事業活動の遂行に関連するリスク」「外部要因，内部要因」といった区分をすることがあります。

※2：国家ガンセンター公表のCancer Statistics in China, 2015 。

※3：全国は2014年，国連開発計画（UNDP）の公表値。上海は2015年上海市衛生と計画生育委員会の公表値。

※４：インターネットサイトに，スクリプトを書き込むことで，サーバーの操作等を行うことができるようにする行為。

※５：CNCERT 2015年中国インターネットネットワークセキュリティ報告書より，360互聯網安全中心，恒安嘉新公司の公表データ。

※６：CNCERT 2015年中国インターネットネットワークセキュリティ報告書より，騰訊公司（テンセント）の公表データ。

※７：21世紀中国総研KEY NUMBER 35号，27号。元データは「中国対外統計年鑑」各年版。なお「中国対外統計年鑑」は2005年度版を最後に，刊行されていません。

第7章

中国における不正と対応の方法論

> 浜の真砂は尽きるとも，世に盗人の種は尽きまじ
>
> 石川五右衛門

§1　中国における不正事例の類型

一般に，経済水準と腐敗・不正には，負の相関関係があると言われます。全ての不正の類型は，先進国でも発生し得るものですが，発展途上国ではより起こりやすく，さらに商慣習や文化的背景も影響します。

中国においては，経済発展に伴って，一昔前のように何も信用できないという状況では決してありませんが，商慣習や文化については変わっていない部分も多く，業務領域や業界により，依然としてより高い発生可能性がある不正の類型も少なくありません。

発展途上国の不正というのは潤滑油のようなもので，グループレベルの経営の観点からは，それによって大きな被害をこうむることは無い，とお考えの方もいらっしゃるかもしれません。甘いと申し上げたいです。

筆者が実際に見聞した中で，少なく見積もっても，百億円～数百億円の損害を会社に与えているケースもいくつかあります。そのひとつは，ここでは詳細は書きませんが，業者との甚だしい癒着で，しかもそれは，新規に設立した会

社を含め，単に事業計画が予定通りに行っていない，という形でしか，親会社には見えないものです。他にも，本来はもっと利益が出てよい商売のはずだが，なぜかずっと赤黒トントン，というような会社が散見されます。

つまり，中国事業がうまくいっていない理由として，不正によって利益がダダ漏れしている，という状況も実際にあり得るのです。

なお，不正による被害には，利益流出額のみにとどまらず，本来実施すべきでない投資の資本コストや機会損失，場合により訴訟や行政対応の費用，低水準の利益に対する税務調査と延滞金・罰金も発生します。

さらに，ブランドイメージの毀損，経営求心力の低下といった，非経済的損失の可能性も無視できません。

筆者が所属する会計事務所グループが，中国で日本企業の現地子会社を対象に実施した調査[※1]によると，1,000人以上の会社では，過去2年間に「不正があった」という会社が57%，「判断できない」という会社が24%で，合わせると80%を超えます（全体では，不正があった，判断できないの合計で58%）。一方，2014年に日本で実施された調査では，（判断できないという選択肢が無いものの），過去二年間に不正があった会社は25%となっています。中国の回答は，すべて現地法人に関するものであることを考えると，中国における不正リスクは，やはり日本に比して非常に高いことが理解できます。

●留意すべき不正事例の類型①…仕入先・業者との癒着

業者・仕入先からのキックバックは，発展途上国で全般によく見られますが，中国特有であるのは，組織の枠組みよりも「関係」を重視する文化的背景によって，癒着の発生しやすい土壌があること，また「ニセモノ天国」に関連して，ある程度の地位（購買に関与する実質的な権限）を得た人であれば，自分自身，家族，兄弟，親戚，同窓生，元同僚などが株主や役員の会社（ペーパーカンパニーからある程度実態のあるものまで様々）を設立し，様々なものをそこに発注する，という手法がよくとられることです。

なお，中国におけるキックバックは，その性質から２種類に分かれます。仕入先が自社製品を採用してくれたお礼として，購買責任者・担当者に出す，販売価格の数％～５％前後までのキックバックは，業界により近年まで（現在でも一部には残っている）暗黙の慣習であり，特に仕入先の観点からは，営業上の必要経費と考えられていた性質のものです。

もうひとつは，彼我で結託し，特に購買する側の会社に損害を与え，利益を山分けする，という性質のもので，その場合は，市場価格よりも１割～数割以上の高値になってきます。

生産会社であれば，主原料・主要部品は通常よく吟味されて購買されていますが，いわゆる周辺購買，副資材・消耗品，工具・治具，設備・備品，修繕・工事，梱包材，外注加工など，さらに食堂，社員寮，警備，緑化，清掃などのサービス，販売会社であれば広告宣伝費，印刷物，販促品など，また共通なところでは物流費，IT関連費用，駐在員の社宅，リース（社用車・事務所・設備等）などは内部統制が甘くなりがちで，その場合，かなりの確率で市場価格からの乖離があると思うべきです。

ところで，個人事業主や小規模納税企業を業者として起用している場合は，それだけでも要注意です。個人事業主や小規模納税企業は，（税務局で代理発行してもらわない限り）増値税専用発票を発行できません。物品であれば17%，サービスであれば６％の増値税控除ができず，その分価格が一般納税者の他社よりも安くなっているのでなければ，会社は損をすることになります。つまり，裏でキックバックが発生していることが多いのです。

また，地元政府や税関の指定業者である，という場合もあり，これは対応に配慮を要するところですが，少なくとも，妥当な価格でサービス・物品が提供されるように要求することはできるはず（要求すべき）です。

なお，華南においては，来料加工の形態で，事実上免税で製造業を経営できてきた経緯があり，増値税専用発票の発行を求めない傾向があるため，必ずしも問題のある背景ではない場合があります。しかし，今は多くの地域で法人転換が進められており，その場合には，やはり一般納税者を取引先として起用すべきであると言えます。

キックバックの対象は，物品やサービスの購買にとどまりません。中国の銀行は，預貸比率が厳しくなると，預金を増やすために，営業担当者に達成ボーナスを出します。このボーナスは，暗黙の裡のその然るべき部分が，預金を決定してくれた，企業の財務管理者・担当者に渡ることが想定されているものです。

人事の領域でも，派遣社員の社会保険料の会社負担分を派遣会社に支払っていたが，その先の社会保険局には納付されず，派遣会社と人事管理者で山分けされていた，という事例がありました。

●留意すべき不正事例の類型②…顧客・代理店との癒着

顧客・代理店との癒着により，会社に損害を与える不正の典型は，不当な安値販売です。その手法は，単なる（本来不必要な多額の）値引きから，チャネル間の価格差を利用したもの，架空の取引先コードを用いた商品の横流しなど様々です。製品を安値で販売されることの一番の損害は，直接的な価格差ではなく，市場価格全体がそれによって押し下げられ，全ての販売に悪影響を及ぼす可能性があることです。

この他，リベートの過剰な支払い，サンプル品の不適切な供与，売掛金の不正な減額などもあり得ます。また，売れ筋製品を優先的に割り当てることに対して，営業管理者・担当者が代理店から見返りを提供されることもあります。

もうひとつ，顧客との間で発生する可能性のある不正は，キックバックを出す側になることです。先述の通り，利益を山分けする性質のものと，会社の業績を伸ばすために，必要な経費であると認識して，（ある意味で善意で）提供する性質のものがあります。いずれも第８章で説明する通り商業賄賂です。

●留意すべき不正事例の類型③…検収と現物に係る内部統制の無効化

価格などの契約条件は適正であっても，不要・過剰な発注とそれに対応する架空入庫，材料等の転売・横流し，または過剰在庫が発生していることもあります。多くの場合，背後に仕入先との癒着がある点では①と同様ですが，こちらは（必要なものを高く買うのではなく）不要な物を買っており，また適切な職務分掌に基づいて，検収と現物管理がきちんと行われていれば，本来は防止できるはずのものです。

しかし，特にサービスについては検収が曖昧になりがちで，適切にチェック＆コントロールを働かせることが難しいため，ほとんど実態の無いサービスが長期間発覚しないこともしばしばです。

また，設備の補修部品やIT関連費用など，必要か否かの判断や検収が，実質的に所要部門にしか行えなくなっている場合や，消耗品や副資材などで現物管理を行わず，月末の残数をカウントして消費量を逆算しているような管理をしている物品については，この類型の不正が発生しやすいと言えます。

社用車のガソリン代なども，特にモニタリングが無い場合，改めて計算してみると燃費が極端に悪い（転売されていると推定せざるを得ない）ことが非常に多いです。

中国の工場において，銅材・鉄くず・廃紙・廃プラスチックなど，売却できる廃棄物は，十中八九何らかの問題があります。実際の発生量よりも売却量が少なかったり，売却価格が安すぎたり，また売却代金を会社に入金せずに，裏帳簿に入れていたり，個人で着服したり，一部の従業員で山分けしていることもあります。

また，廃棄物処理には，多くの場合資格が必要ですが，業者がそれを取得していないことが多く，また，黒社会につながりのあるような業者が入り込む可能性もあるため留意が必要です。廃棄物処理に限りませんが，そのような業者との取引関係を見直そうとすると，脅迫されたり，嫌がらせをされたりすることがあり，従業員の士気や安全にかかわる事態になりかねません。

●留意すべき不正事例の類型④…現金の詐取・不正な支払い

内部統制という用語・概念が確立された際に，そこに含まれていたのは，現金と支払いに関わるチェック＆コントロールでした。伝統ある内部統制である一方で，今に至っても，何らかの形で無効化された場合，例えば，会計担当者の突然の離職や産休で，臨時に出納に代替させたり，情報システム中で出納に会計の権限が与えられている場合には，容易に不正が発生します。

現金や銀行預金の残高確認が甘い場合にも，事故が発生します。（これは個人の不正ではなくて，会社ぐるみの粉飾の例ですが），筆者の所属する会計事務所の会計監査において，銀行に出向いて，銀行の制服を着た人から受領した残高証明書が，偽造されたものだった，という事例がありました。銀行員もニセモノだったか，または銀行もグルだったということになります。

また，何らかの理由で金庫に置いていた簿外の現金を，いつの間にか従業員が「預かっていた」例も複数回ありました。

信頼された財務管理者が長期間にわたって不正な支払いを行っていたケースや，少し手の込んだところでは，財務管理者が，税務局に過払いを行い，その返金を自分の口座に振り込みさせていたケースもあります。税金やそれに類する支払いは，発注や検収が無く，マネジメントもやむを得ない支出として，あまり吟味せずに承認してしまう傾向があるのを突かれた格好です。

各従業員の給与や賞与はプライバシーに属することから，総額で支払依頼が人事から財務に出されることが一般的であるため，人事部門が不正に自分たちに給与を増額していた，というようなことも起こり得ます。（その一方で，人事領域の典型的な不正である，架空の従業員というケースはあまり聞きません。）

経費の不正申請もこれに類すると言えます。カラ出張，交際費の過大・架空請求，海外出張時における業務外支出の精算など，トップや高級営業幹部の費用に対しては，実質的なチェックが働かないことが多く，本当に会社のために必要な経費であるのかどうかがグレーになりがちです。

§２　不正リスク対応の方法論

冒頭の引用は，安土桃山時代の有名な盗賊，石川五右衛門の辞世の句として，歌舞伎に出てくる科白で，その心は，「人に盗みを働かせるのは，不幸・不公平なことの多い世の中である」，というところでしょうか。言い換えると，環境や仕組みによって，同じ人が真人間であり続けることもあれば不正を働くこともある，と言うことです。

これが，不正リスク対応の基本的な考え方になります。世の中の不幸は，個々の企業にはほとんどどうしようもありませんが，会社の中が甘い管理体制になっており，より不正の「機会」が多い状況であるとすれば，それに関連して発生した不正の責任は，ある意味で，企業とその経営者にあると言えます。

図表26　不正のトライアングル

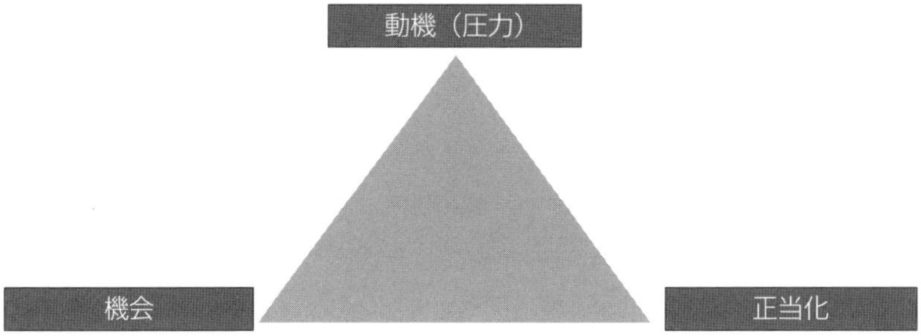

不正と言えば，必ずこのトライアングルが登場しますが，ここでもやはり触れないわけには参りますまい。(※2)

●不正の「動機」は，基本的には企業にはコントロールできない

不正を働く「動機」は様々ですが，筆者の所属する会計事務所グループの不正実態調査によると，日本では借金苦やギャンブルなど，お金が必要だった理由が背景にあるのに対して，中国では，単純な金銭の希求が最も多くなっており，多少の違いが見られます。

これらの動機は，基本的には会社にはコントロールできないものと考えて良いでしょう。（なお，粉飾決算といった類の不正については「圧力」，すなわち上からのプレッシャーと読み替えられ，それは統制環境という意味で会社がコントロールすべきものですが，ここでは焦点ではないので割愛します。）

●不正の「機会」を与えないことが不正リスク対応の基本

不正を働く「機会」が発生するのは，チェック＆コントロールが甘いところ，すなわち内部統制に不備があるところです。従って，いわゆる教科書通りの内部統制をしっかりやる，というのが不正防止の基本になります。

こういった内部統制は，会社にとっての見えないコストを削減できる取り組みですが，ほとんどの日本企業の現地法人で，基本的な内容ですら実現できていないことが少なくありません。

その理由は，そもそも日本において導入されている内部統制が，相対的に不正の発生可能性が低いことなどから，甘いことが多いのです。製造・生産管理・品質などに関しては，日本のやり方を現地法人にしっかり導入することが，特に製造現場では重要ですが，購買をはじめ様々な領域の管理については，それでは不十分で，より多くのリスクに対応できる内部統制を構築しておく必要性があります。

日本から持ち込むべきものと現地化すべきものの峻別と組み合わせが重要である，というのは，管理とリスク対応についても当てはまるのです。

●購買における不正防止のための基本的な内部統制…

職務分掌

購買機能の集約（購買依頼）

相見積

仕入先の定期評価

不正の類型として最初に挙げたキックバックですが，購買に係る職務分掌を適切に実現し，（1）購買依頼，（2）発注，（3）検収，（4）支払い，さらにできれば（5）仕入先マスタ管理を分離し，発注権限を購買部門に集約して，そこで相見積・購買条件の交渉をしっかりと行った上で発注し，仕入先・業者の定期評価も行うようにすると，かなりの程度，発生を抑えることができます。

しかし，購買を専門とする駐在員が現地法人に赴任してきていることは少ないこともあり，購買部門の発言力が弱く，製造・生産管理や物流・ITなどの専門性を持った部門を抑えられないこと，さらに少し穿った見方をすると，各部門が既得権益を手放さないこと，また購買部門自身が腐敗することも少なくなく各部門が信用しないことなどもあり，購買の集約を進められていない会社が非常に多いのです。

特に購買部門の業務全般を健全に保つ，という観点から仕入先の定期評価は重要で，価格・納期・不良率など数値化できる項目で客観的に評価することで，「価格は高いが，対応は良い」という曖昧な（疑わしい）理由で仕入先を選定しないように，牽制することができます。

●購買の不正防止に役立つその他の取り組み…

集中購買

購買データベース

複数購買

購買に関するその他のトピックとして，最近は，統括会社に担当・部門を設置して，集中購買を進める会社も少なからず出てきていますが，主原料や小さな範囲にとどまっていることが多いようです。

集中購買は，購買量の集約によって価格交渉力を高める効果に加えて，必要部門と発注部門のより明確な分離による不正防止効果もあり，大いに進めたいところですが，発注と検収の実施される物理的な場所が乖離してしまい，それが盲点となることもあるので留意も必要です。例えば，統括会社がグループ会社のためにまとめて発注していたサービスについて，ほとんど実態が無かったという事例があります。

また，中国地域の各グループ会社の購買情報をデータベース化して共有する，という手法も有効です。他のグループ会社の購買実績を参照することで，低価格が実現できている場合には，直接的に仕入先として起用したり，参考にして価格交渉を行うことができる他，他のグループ会社に見られている，ということが，市場価格から乖離した購買に対する大きな牽制になります。

複数購買も，原材料・部品の調達先を確保しておくという，事業継続の観点から有効であるばかりでなく，価格・納期・不良率など仕入先の実績を常に比較できるため，不正防止にも少なからず効果があります。

●販売の不正防止には各種の承認が適切に行われるように留意する

販売に関する職務分掌は，①受注，②出荷，③入金，さらにできれば④得意先マスタ管理ですが，それと並んで重要であるのは，価格・値引き・リベート・サンプル提供などについての販売部門内部での検討・承認が適切に行われることです。販売部門自身が腐敗してしまい，上下の権限分離が働かなくなると，多くの内部統制が無効化されてしまいます。重要な承認について，販売管理・マーケティング・企画などの営業に関連する別部門の所管としたり，上位のマネジメントの承認とすることも有効です。

在庫については，現物の管理部門が，所要部門と分離していること，また入出庫管理や実地棚卸が適切に行われていることが重要です。

入出庫を管理せずに，当月末の在庫量から使用量を計算する方式だと，無くなったものが全て使用されたことになるため，不適切な流用や盗難の誘因となります。一般従業員や工員の給与は，依然として日中でかなりの格差があり，消耗品の類でも侮れない価値があります。

より低額の現物，さらに広げて言えば（在庫管理に限らず全般に）より細かなところまでよりしっかりした管理を行う必要性があり，その必要性を現地の従業員・管理職は感じるということでもあります。

●部門間の牽制が効きにくい領域にはマネジメントが注意を払う

財務会計領域においては，一般論としては会計（Accounting）と財務（Treasury）の分離が基本ですが，中国においては，出納と会計の職務分離が財務局制定のガイドライン「会計基礎工作規範」で求められています。これは，財務部門の中での職務分掌であり，部門間の牽制にはならないため，支払・銀行残高確認・会計処理などの主なレビュー・承認のポイントにおいて，金額などで重要なものは，より上位のマネジメントが関与する必要性が高いと言えます。

人事部門においては，人事管理・給与計算・勤怠の職務分離が基本形で，勤怠は各業務部門内部で記録・確認するため自然に分離ができますが，現地法人の限られた人員の中で，人事管理（従業員や給与マスタ）と給与計算を分離することは容易ではありません。そのため，給与・賞与・社会保険等の計算結果に対する，上位のマネジメントのレビュー・承認が望まれます。

この他（不正というよりもコンプライアンスの要素が強いですが），労働契約法，社会保険，障碍者の雇用義務などの労務実務にも留意が必要です。

また，工会（労働組合）は，本来は会社からは独立した組織ですが，従業員の給与総額の２％（地方によりそれ以上）の組合費を会社が供与するため，大規模な会社においては相当な金額になり，それが従業員のために適正に使用されているか，「間接的に」監視することが望まれます。

望まれる内部統制には，他にも様々なものがありますが，ここでは割愛します。

●不正を「正当化」するきっかけを与えない

人が不正に踏み切る際には，動機と機会の他に「正当化」，（特に初回の不正に踏み切るにあたって）その不正を行っても良い，仕方がない，といった心理的なハードルを乗り越える何らかの理由が必要であると言われています。正当化の例としては，以下のようなものが挙げられます。

- 人事・待遇が不公平である，正当に評価されていない。
- 給与が不当に低い，会社はごまかしている。
- 他のだれそれが，みんながやっていることだから。
- ちょっと借りるだけ。
- 会社のため，みんなのために良かれと思って。

上の３，４番目は，小さな不正（の機会）であれば良い，というように噂や通報をスルーしていると，それがより大きな不正を呼び，モラルが壊れ，組織が腐っていくきっかけになりかねないことを示しています。

５番目はちょっと特殊で，いわゆる粉飾会計処理や，顧客への商業賄賂の提供など，会社・組織のための不正に関する正当化です。

●不正の正当化をさせないための取り組み①…明朗・明確な人事

モラルとモチベーションの維持

明朗な人事：目標管理とフィードバック

キャリアパス

社員旅行，運動会，年会などのイベント

ここで考えていただきたいのは，先の１，２番目の正当化の例です。こういった不公平感が，不正に踏み切るきっかけを与えることが少なくありません。

公平な人事というのは，存在しないでしょう。価値基準は人それぞれによって異なりますし，自分自身に対する評価というのは，往々にして実際の組織の評価と乖離があります。(特に中国においてはその傾向が強いと言えます。)

しかし，明朗・明確な人事というのは実現可能です。例えば，目標管理制度を導入し，なるべく客観的に評価できる目標に応じた達成・不達成に基づいた評価を行い，評価者・人事が面談を行ってフィードバックをすることで，より高い納得感が得られます。

キャリアパスを明確にして，発展空間を示すことも，特に成長が鈍化した局面ではより重要であると言えます。

●不正の正当化をさせないための取り組み②…「いい会社」になる

良好な企業文化の醸成

経営理念の浸透

倫理規程・コンプライアンスマニュアル

就業規則，権限規定，その他の業務規定

端的に言うと，モラル・モチベーションを高く保つ努力，さらに広く言えば「いい会社」であるように尽力することが，人材活用・組織パフォーマンスの向上の面からも有効であるばかりでなく，不正を防ぐことにもつながるのです。

現地法人の経営者が，製品やサービスを通じて，いかに社会・地域経済に貢献するために活動しているか，という「経営理念」を，自分自身で信じ，現地の従業員に訴えかけていくことも重要です。そのような情熱が，従業員の間で多かれ少なかれ共有されている組織においては，不正はより起きにくいと言えます。

特に日本企業は全般に，実際に（短期的な利益を出すことよりも），顧客や従業員，さらには地域社会や他の利害関係者のために経営しているという理念が強いため，（欧米企業や中国企業に比して），いい会社であるための努力の費用対効果が高いと思われます。

また，倫理規程やコンプライアンスマニュアルによって，善悪の基準を明確にしておくことも重要です。例えば商業賄賂は，つい最近まで（もしかすると今でも）必要悪だと考えていた営業担当者も少なくありません。

§3 不正抑制・発見の手法

前節の内容で，本当に中国での不正が防げるのか，と思われた方も少なくないのではないでしょうか。内部統制の限界として，①共謀（外部と内部，内部の部門間，部門内の上下），②偽造，③マネジメント・オーバーライド，④破壊，が挙げられます。チェック＆コントロールが整備されていても，これらの事象が発生すると無効化されてしまう，ということですが，中国においては，「関係」重視の商習慣，ニセモノ天国，ワンマンになりやすい経営スタイル，貧富の差など，これらの限界が突破されやすい環境にあります。

前節の内容は，不正リスク対応にとどまらず，一般的に必要な内部統制でしたが，ここでは，より直接的に不正を抑制・発見するための仕組みを解説します。不正を行うと，発見される可能性が高いのであれば止めておこう，ということになるわけで，不正の発見のための仕組みは，抑制にも効果があります。

●不正抑制・発見の手法①…内部通報制度

筆者の所属する会計事務所グループの不正実態調査によると，日中のいずれにおいても，内部通報が不正発見の一番のきっかけになっています。また，米国公認不正検査士協会（ACFE）が2016年に発表した報告でも，不正発覚の39.1％は何らかのヒント（Tip）がもたらされたことによるものであった，とされています。

内部通報制度がきちんと整備されている場合には，不正の早期発見にかなりの程度有効だと考えられるのです。

適切な内部通報制度の条件として，以下が挙げられます。

- 寄せられた内部通報が網羅的に記録され，かつ機密保持されていること
- 寄せられた内部通報に対して，タイムリーに調査するなど合理的な対応がとられていること

- 内部通報者が匿名で通報できること
- 内部通報者が報復や不利益をこうむらないことが保証されていること
- 従業員に内部通報の受付窓口が通知され，利用が奨励されていること
- 実際に利用され，内部通報が寄せられていること

●内部通報制度は「いい会社」になるための非常に有効なツール

しかし，中国においては，内部通報制度を導入していなくても，様々な誹謗中傷が寄せられる傾向があり，改めて制度として導入して周知すると，大量の通報が寄せられて，収拾のつかない状態になってしまうのではないか，という懸念から，導入に踏み切れない会社が少なくありません。（また，中国で内部通報というと，特に年配の世代には，密告が奨励された，陰惨な文革を連想させる側面もあることは理解しておく必要があります。）

しかし実際には，内部通報制度を導入しても，ほとんど通報が寄せられない，という状況がよく見られます。それは，ひとつも不平不満の無い良い会社だからでしょうか。おそらく違うでしょう。通報をしても，きちんと対応してもらえるとは思えない，または何らかの不利益をこうむるのではないか，という具合に，会社が信用されていない状況だという可能性が高そうです。

なお，記名式でのみ内部通報を受け付ける形で制度を導入した場合には，寄せられる通報数がかなり少なくなります。上述のように，匿名で通報できる，ということが本来の姿ですが，大量の通報が寄せられることが心配なのであれば，最初は記名式で導入してみて，その後，無記名に移行するというのも一案でしょう。

製造会社において，意見箱のような（気軽に意見を寄せやすい）形で通報制度を導入すると，食堂の飯が不味い，という類の投書がたくさん寄せられます。つまらない話だ，と考えてはいけません。食事は，そこで毎日勤務している工員・従業員にとってはとても重要です。しかも，食堂業者と総務の癒着という

のは，よく見られる不正のひとつです。大規模な工場においては，食堂費用は月に百万元を超える出費になりますが，それがきちんと食事のクオリティに反映されていない，という噂でもあろうものなら，士気への悪影響にも相当なものがあります。

食堂に次いで多いのが，通勤バスや宿舎の問題で，費用対効果を加味しつつも，なるべく公平になるように解決していくと，通報の総数が減ってきて，シフトと残業時間の不公平など，経営者として見過ごせない問題が目立つようになり，不適切な行為や不正などの通報も，入ってくるようになります。

内部通報というのは，「いい会社」になるための，非常に良いツールであり，またどのようにどのような内部通報が寄せられるかは，いい会社度の良いバロメーターなのです。

図表27　内部通報の利用のされ方と通報数のイメージ

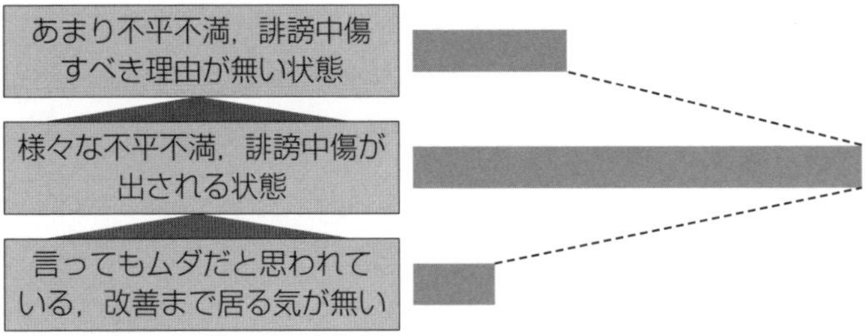

（出典：筆者作成）

●内部通報には常に真実と誇張が混じっている

さて，内部通報制度が適切に導入され利用された場合，特に中国においては，寄せられる通報内容に誹謗中傷が多い，というのが悩みどころです。しかし，火の無いところに煙は立たないと言う通り，100％中傷ということはむしろ少ないと言えます。その一方で，通報の内容が100％真実ということもまた少なく，多かれ少なかれ誇張されていると考える必要があります。

そういう想定に立って，誹謗中傷に煽られずに，しかし実際に問題のある部分にはきちんとした対応を繰り返せば，誹謗中傷も出なくなってくることが期待できます。

なお，多くの通報はフリーメールから送られてきます。通報内容が曖昧であったり，情報が不十分である場合には，会社として真摯に対応したい旨と，調査に必要な情報を提供するように依頼して，返信することもひとつの適切な対応です。誹謗中傷の要素が強い場合には，その後は再返信が無いことが多く，もし再返信によりさらなる情報提供があれば格段に動きやすくなります。

内部通報への対応というのは，慎重さと積極性の両方が必要であり，かつ課題が明らかになったら，社内の仕組みの改善や人事の調整，場合により不正調査が必要となり，大変に手間がかかります。しかし，これらは全て，もともと会社として解決すべき課題であり，たまたま内部通報によって明るみに出ただけである，と考える必要があります。

もうひとつ，内部通報制度があることの大きな効能があります。昨今は，社内の問題や醜聞がインターネット上で公開され拡散してしまうリスクというのが常にありますが，内部通報制度があることで，直接外部に行かずに，まずは内部に通報してもらえることが期待できます。

●外部通報制度も重要で，癒着の抑制・発見効果が期待できる

ところで，内部通報制度というのは本来は社内向けですが，（どこから伝わったのか）仕入先など外部から，「会社の購買担当者から賄賂提供の要求を受けて困っている」といった通報が入ることがあります。

これらの，仕入先や代理店などの取引先に対して通報の受付窓口を設定すると，外部通報制度になります。その要件や留意点は内部通報に準じますが，購買や営業などの日常業務の対応部門とは異なるところに通報できることがポイントです。

仕入先や代理店に対して，（代理店大会や契約更新時など）然るべき機会において，会社が商業賄賂やコンプライアンスの問題を排除する姿勢を示すとと

もに，外部通報窓口を周知することにより，これらの取引先と内部人員との癒着の抑制・発見が期待できます。

●不正抑制・発見の手法②…内部監査

内部監査は，不正の抑制・発見の手法として，一般に内部通報に次ぐものです。米国公認不正検査士協会（ACFE）が2016年に発表した報告でも，内部通報に次いで不正発見の16.5％が内部監査によるものとなっています。しかし，筆者の所属する会計事務所グループの不正実態調査では，日本において２割前後であるのに対して，日本企業の中国現地法人ではわずかに７％にとどまっています。

これは，中国現地法人で実効的な内部監査が行われていることが少ないことによるものと思われます。現地法人の重要性も様々ですが，不正リスクも視野に入れた本格的な内部統制が毎年～隔年で行われているような場合は多くなく，もし行われていても，日本本社からの往査には，主に言葉の面で限界があり，また期間も短くなる傾向があるため，深い監査を行うことは実務的に難しいと言えます。

中国で効果のある内部監査を行うためには，言語や商習慣の理解が重要であるため，やはり現地に内部監査機能があることが望まれます。しかし，内部統制監査（いわゆるJ-SOX）の重要拠点となっている中国現地法人（すなわち連結財務諸表において売上等で一定の比率を占める重要性のある子会社）における，内部監査部門の設置状況でも下図の通りで，まだまだ多くないことが分かります。

図表28　内部統制監査上の重要な中国現地法人における内部監査機能の設置状況

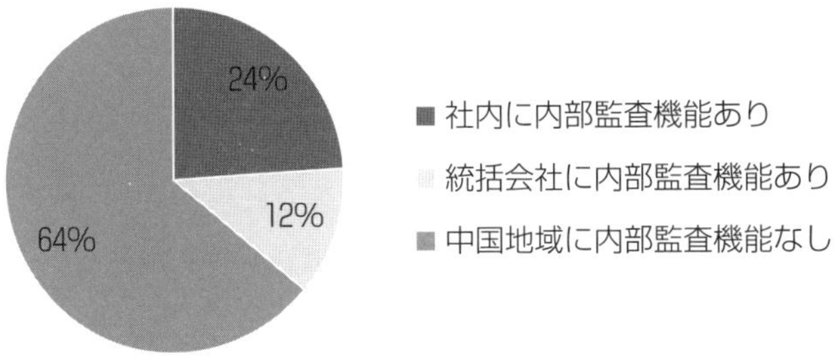

（出典：筆者調べ）

内部監査を設立するのであれば，中国地域の統括会社や管理会社が適切であると考えられますし，実際にそのような会社も増えてきています。しかし，統括会社・管理会社そのものの機能が限定的で，事業部の壁を超えてモニタリングを行うような権限を持っていないと，内部監査だけを置いてもうまく機能しにくいと言えます。

●中国における内部監査の難しさ…人材確保と育成

しかし，何よりも，中国において内部監査が難しいのは，適切なスキルを保持した人材確保が困難であることによります。不正発見や抑制に貢献できるような，しっかりとした内部監査というのは，（その効果を金額に換算するのは難しいですが）実際に非常に大きなものがあります。それができる人材の市場価値というのは高く，まして日本語や英語ができる人材となると，全くもって希少です。

社内で育成するというのもオプションですが，何年か内部監査を経験して，CIA（公認内部監査士）の資格でも取得しようものなら，引く手あまたになり，非常に良いオファーで引き抜かれてしまいます。

人材としての市場価値の変化に合わせて，待遇を変えたり，資格手当を出すことが望ましいのですが，内部監査というのはどうしても地味な印象があり，例えば財務などよりも給与を高くするのには抵抗を感じるマネジメントが少なくありません。(しかし，現実問題として，財務よりも市場価値が高いのです。)

●内部監査には特に経営者からの心情的なサポートも重要

待遇面に限らず，心情的な面でも特にマネジメントの理解と支援が必要になるのも内部監査の特性です。監査の対象者から，疎まれたり反発されることも少なくなく，もともと少人数で，孤立しがちな職務である上に，そもそもの存在意義が，マネジメントのためのモニタリング機能であり，（例えばトップの交代などで）マネジメントがその意義を認めず活用を図らなくなった場合には，全くやり甲斐の無い仕事になってしまいます。

また，中国の現地に即した内部監査を行うためには，現地メンバーが主体的に内部監査を行えることがより望ましいのですが，現地出身の管理職が内部監査の責任者を務めている場合には，マネジメントとの距離が開きがちになります。そして日本人駐在員が内部監査の責任者である場合には，この逆の問題が発生しがちになります。

また，内部監査というのは，出張が多く，体力的にもハードになりがちな仕事です。(出張が好き，または許される家庭環境に無ければ務まらないと言えます。)

これに関して言うと，筆者はできるだけ２週間の往査を推奨しています。中国の内部監査の実務スタッフは若く，また対象会社の従業員にも若手が多いため，２週間も経つと，仲良くなっていろいろな社内情報や風評が自然と耳に入ってくるようになるからです。そういった中から，課題や不正が認識されることも少なくありません。

同じ工数を使うならば，多くの人数での１週間よりも，薄く広く２週間に配分した方が，より効果の高い監査のできる可能性が高まります。現地のスタッフにとっても，２週間の出張は短いとは言えませんが，日本からの出張による内部監査では長くても１週間が限界でしょう。この観点からも，現地化した内部監査がより望ましいと言えます。

内部監査のスキルにも，奥の深いものがあります。被監査会社・部門の管理者が納得し，実際に改善しようと思うような形で課題を認識し改善策を提案できるためには，広範な業務知識と判断力に加えて，人間力も望まれます。こういった，管理や業務レベル向上のための社内コンサルタントとしての機能も，内部監査の重要な役割です（※３）。不正リスクにつながる内部統制上の不備の認識や，不正そのものの発見には，懐疑心とともにセンス・経験も必要になります。

●発見事項の数は内部監査のレベルを，発見事項の質は会社のレベルを反映する

筆者の見るところ，発見事項の数は内部監査のレベルを反映します。世の中に完全な会社などは無く，然るべき経験と見識を持った内部監査人員が工数を割くと，それに比例して，問題点（不備）や改善を検討する価値のあるポイント（提案事項）が出てくるものです。

そうは言っても，内部統制監査や内部監査を受けてきている会社では少なめになりますが，それでも対象範囲（業務領域）を限定しない本格的な内部監査であれば20～30項目，これまで内部監査等を受けていない会社では30～50項目，管理意識の弱い会社が初回の内部監査を受けるような場合には，100近い項目が識別されることも少なくありません。

それに対して，発見事項の質は会社のレベルを反映します。小規模でこれまで内部監査等を受けていなかったような会社においては，会計処理や内部統制の基本的なところでの問題が認識されることが多く，より管理レベルの高い会社においては，提案事項が多く出てくることになります。

●○をつける監査と×をつける監査の違いを理解し，後者に比重を置く

ところで，内部監査の仕事にも，さまざまなものがあります。内部統制評価

報告制度（J-SOX）のための経営者評価も，内部監査部門が実施したり，各部門の自己点検を指導する役割を担ったりします。こういった，制度対応のための評価は，最終的には対外的に，自社の内部統制が良好であることを示すための証拠を集めるために行います。すなわち，「○をつけるための監査」であり，その過程で，課題や改善点が識別されることはあるものの，それはあくまでオマケ，ということになります。

また，金融庁の実施基準により，原材料につながる購買プロセスのみを評価する会社が圧倒的に多いため，上述のように中国での不正リスクの高い周辺購買は，そもそも対象になっていないのです。

純粋に，会社の管理レベルの向上，不正リスクの防止，不正発見，業務改善機会の識別などといった，会社にとっての付加価値の高い内部監査業務，すなわち「×をつける監査」をより多く実施できるように配慮し，内部監査部門にその価値を発揮させるようにアレンジすることが望まれます。

●不正抑制・発見の手法③…ローテーション

不正は，少額で始まり，（発見されないまま）時が経つにつれて，より大きな額になる場合がほとんどです。不正が発見された際に，もし仮に５年でローテーションしていたら，被害がかなり少なく済んでいたのに，という後悔が先に立たない場合が少なくありません。

定期的なローテーションというのは，不正を抑制し発見するために，高い効果があります。しかし，なかなか徹底して行うことが難しいのは，（他のチェック＆コントロールは，役割分担や間違いの防止といった自然な必要性に基づいているのと異なり），ビジネス上の効率と真っ向から衝突するからでしょう。

一般にローテーションが望まれるのは，高級管理職，および購買・営業・財務といった，外部との癒着が懸念されたり，金銭を扱う部署の管理者・担当者です。

筆者の所属する会計事務所グループの調査によると，勤続年数の長い人ほど不正を起こしやすいことが明らかになっています。(中国現地法人においては，一定の年数を超えると減少するという結果になっていますが，これはそもそも勤続年数の長い従業員が少ないことによると思われ，上の傾向を否定するものではないと考えられます。)

また，管理職の起こした不正は，担当者の起こした不正よりも，被害金額が大きくなります。

すなわち，勤続件数が長く，責任のあるポジションに就いている，ビジネスの観点からは最も頼りになる人が，不正リスクの観点からは最も危ない，と言えます。「余人に代えがたい」人ほどリスクが高い，ということをよく踏まえて，ローテーションを実現すべきなのです。

●駐在員も現地従業員もローテーションを徹底すべき

駐在員が不正に手を染める可能性は，相対的には低いにしても，その権限の大きさから，ひとたび発生すると，ゼロの数の違う被害額になります。(リスクマネジメントの用語で言えば，発生可能性は低いが，影響度は高いのです)。

長く中国にいて，中国語もできるような駐在員は，非常に頼りになる存在で，企業・製品の強みを現地に伝え，現地のマーケットニーズを本社に伝えることのできる，情報のハブになる存在ですが，その一方で，取引先などからの誘惑も受けやすくなります。駐在員の不正で痛い目にあった会社は，(ビジネス上は悪影響もあるのを承知の上で) 最大５年できっぱりと帰任させるようにしています。

現地従業員については，組織の壁よりも人間関係を重視することから，同じ職場に長くいることで人脈が広がっていき，場合によっては，(数年で交代する駐在員よりも) 会社の陰の実力者として，隠然とした権力を持ってしまうこともあります。その一方で，中国では転勤や配置転換が容易ではない，という事情があり，ローテーションの必要はより高いが，実施することは難しい土地柄であると言えます。

まず配置転換については，特定の分野の中で専門性を発揮することが漠然と想定されているため，専門外の部門への配置には大きな抵抗感があります。

しかし実際のところ，中国においても，特に管理職について言えば，異なる分野を経験するのは，キャリアアップの観点からも，新鮮味によるモチベーション維持からも，決して悪い話ではないはずなのです。それが，なかなか配置転換に同意しないのは，築いた人脈が無に帰すのではないか，既得権益が損なわれるではないか，格下げなのではないか，といった不安があるからです。（なお，中国の労働実務上，労働環境の重要な変更には，本人の同意が必要となりますが，配置転換がそれに当たるかどうかは状況によります。）

実際に配置転換を実現できている中国現地法人では，端的には「いい会社」であり，専門分野を外れても，会社が中長期的に面倒を見てくれる，キャリアアップを考えてくれる，ということについて，ある程度の信頼感が醸成されていると言えます。日本的な，就職よりも「就社」，という感覚が理解されている，言っても良いでしょう。

ところで，中国の国有企業のキャリア組についても，就職よりは就社（または就党？）で，配置転換や転勤があることが前提となっています。特に財務については，マネジメントへの牽制という意味もあり，本部の財務部門へ直接レポートする，という仕組みがとられています。

これは，日本企業の中国事業においても，今後は検討すべき形態かもしれません。生産会社の製造に関わる職種，生産，生産管理，品質管理などは比較的相互に入れ替えがしやすいと言える反面，製品が異なる会社間での入れ替えは非効率です。営業についても同様で，担当顧客の交代によるローテーションは積極的に行うべきであるのに対して，全く異なる商材に配置転換してしまうと，デメリットが目立ちます。

しかし，財務や人事部門は，現地法人内で配置転換するのは困難である一方，製品や商材にはほとんど専門性が影響されません。従って，こういった管理部門の幹部および幹部候補生については，例えば統括会社に籍を置き，全国の状況に応じて配属する，というような形態が，本来は最も望ましいとも考えられるのです。（しかし，今のところ，中国においてそのような形態を実現している日本企業は無さそうです）。

勤務地の変更というのは，これは労働環境の重要な変更に当たります。中国は広く，異なる地方に行けば，言葉も生活習慣も相当に違うことは理解する必要があります。また，夫婦共働きであることが多いため，転勤が単身赴任に直結してしまいます。（ただ，欧米人ほど単身赴任に拒否感のある人は多くなく，そのあたりの感覚は日本に近い部分もあるようです。）

なお，実務的には，労働契約書を工夫することによって，潜在的な配置転換に対して予め同意を求めるような手法があるようです。営業職など，もともと配置転換に転勤が伴うことが想定されているような職種では，そのような配慮を予め盛り込んでおくことも考えられます。

●不正抑制・発見の手法④…分析的手続き

不正の兆候の検知や発見のためにとられる初期的な手法が，分析的手続きです。分析的手続きは，他にも様々な目的で実施されますが，不正の検知を目的とする場合には，以下のようなポイントがあります。

- 分析の単位をなるべく細かくとること
- 数値の大きな項目だけでなく，むしろ例外処理的な項目に注目すること
- データの信頼性に留意すること

比較すべき対象の例には以下のようなものがあります。

- 対前期比較
- 対予算比較
- 財務データと他の経営・業務データの比較
- 地域間，拠点間比較
- 製品間，部門間，担当者間の比較

- 同業他社，グループ内他社との比較
- 調査人の期待値との比較

分析すべき項目の例には以下のようなものがあります。

- 売上，在庫，費用などの増減率
- 費用やコミッションなどが，製品原価や売上・販管費に占める比率
- 在庫や債権の回転率
- 金額や頻度の分布
- 従業員１人当たり

これにより，例えば以下のような問題が発見されることがあります。

- 他拠点よりも比率の大きな特定の費用，比率の少ない販売チャネル
- 売上の伸びにも係らず，増加していない副産物や処理屑の売却額
- 借入額が伸びていないにも係らず，増加している支払利息額

以上のような分析を行うための，データを入手するのがなかなかに大変です。そもそも，各現地法人でそのようなデータを保持していないかもしれません。しかし，不正の検知のためだけではなしに，このようなデータを集計し保持することは望ましいですし，現地法人の情報システム化が遅れているとしたら，それもひとつの課題であると言えます。

●データアナリティクスは不正発見や競争優位のための強力なツールになり得る

手作業による分析的手続は，分析者の見識に頼らざるを得ず，また分析できるデータ量に限りがあります。

データ分析技法（データアナリティクス）とは，ソフトウエアを用いてデータに含まれる異常値を発見する技法で，大量のデータを分析することができ，様々なデータに対して応用することができます。不正の兆候も，そのような

データの異常値として現れることが多く，不正発見の有効な手段のひとつです。

どのようなデータを異常値として定義するかがポイントで，これは手作業での分析と同様，見識・経験とセンスが必要になります。（なお，ツールとして購入する場合には，ノウハウがある程度定型化されていることは期待できます。）

しかし，いったん導入して設定してしまえば，最新の対象データを取り込むことで，手軽に再分析を行うことができるため，モニタリングのツールとして定期的に使うには頼りになる存在です。（ただし，異常値の設定は，定期的に見直すことが望まれます。）

会計監査の業界では，以前から，仕訳データに対してデータ分析を適用しており，例えば，重複して作成されたと考えられる仕訳，休日・祝日に入力された仕訳，整いすぎた数の仕訳，補助元帳がある勘定科目への直接仕訳，自動仕訳が設定されて勘定科目への手入力仕訳，決裁権限ぎりぎりの仕訳，などといった，留意すべき仕訳を抽出するのに利用されています。

近年ではより高度なデータ分析技法が用いられており，例えば，筆者の所属する会計事務所グループの中国法人においては，過去の財務情報やその他の定性情報をインプットして分析すると，財務諸表の不正（粉飾）が発生した年には，約95％の精度で分析対象企業に粉飾があったことを検知することができるというツールを用いており，上場企業や上場予定企業に対しては，必ず適用することになっています。

不正に限らず，今どきどの業界においても，データ分析を用いた課題の認識や，それによる業務改善などは，積極的に検討すべきテーマであると言えます。それを先に行った会社が，競争で優位に立つような局面も少なくありません。もちろんそのためには，分析するに足るだけの，信頼できるデータが収集されている必要があります。

§4　不正調査の手法

不正がある，という話になったら，それにどのように対応するかの判断を迫られます。この段階では，多くの場合，直接的な証拠は出てきていないが，通報があった，不適切な見積書が出てきた，データの異常値があった，という具合に，不正の兆候が認識されているにとどまります。

そのような状況において，日本企業に限らず，アジアの企業は全般に，既に発生したと思われる不正を追及して白黒をつけるよりも，今後は同様な不正が発生しないような対策をとることを好む傾向があります。またその方が，ビジネスの観点からは，費用対効果は高いと言えます。

しかし，噂が広範に広まっていたり，刑事事件になる可能性があるなど，会社としてきちんと調査を行い，けじめをつけなければならないこともあります。そのような場合には，いわゆる不正調査を行うことになります。

●不正調査の手法①…デジタルフォレンジック

広義のデジタルフォレンジックには，不正の兆候の検知を目的として行うデータ分析技法も含まれます。しかし，データ分析技法は，主として大量のデータに対して統計的分析を行う手法であるのに対して，狭義のデジタルフォレンジックは，電子メールや他のファイルデータに対して，キーワードを設定し，疑わしきメッセージやデータの検索を行う手法です。

想定される不正の内容や状況に応じて，キーワードや対象データをどのように設定するかが，知見の問われるところです。

デジタルフォレンジックのメリットのひとつは，サーバーやパソコンから対象データを入手することができれば，対象者や他の従業員にほとんど知られること無く調査を行うことができることです。そのため，調査の初期段階で，ひとまず実施してみる，という形で採用するのに向いています。

もうひとつのメリットは，取引先担当者との共謀内容に関するメールの記録や，バックリベートの受領先と金額が一覧されたファイルなど，直接的な不正の証拠が得られる場合が少なくないことです。年配の対象者であれば，一切のやりとりを電話のみで行っている，というような場合もありますが，若手に関しては，今どきパソコンやサーバーに何も関連データが残っていない，ということの方がむしろ少ないと言えます。

●不正調査の手法②…ビジネスインテリジェンス

ビジネスインテリジェンスは，特定の人物や法人を対象とした調査で，以下の２段階があります。

1．登記・戸籍といった法的情報，メディアやインターネットなどの公開情報，その他の入手可能な情報の入手・分析
2．知人・友人・同僚・隣人，取引先・従業員などへの聞き込み調査

上記１の情報分析は，対象者や他の従業員等に知られること無く調査を行うことができ，これも初期段階での実施に適しています。

なお，現在では，法人の登記情報（役員・株主など）は，工商局のサイトで無料で検索することができるようになっています。

個人の登記情報（戸籍・不動産・車両など）は，弁護士に委託しないと入手できません。なお，戸籍については日本と異なり，地方によって管理が異なり，省を超えて新たな戸籍を取得したような場合には，家族関係の遡及もできなくなることもあるようです。

不正調査としてのビジネスインテリジェンスは，通常，これらの情報から「利害相反」の存在を明らかにすることを目的とします。中国では，マネジメントや管理者が，権限を利用して，自分自身や家族・親戚が実質的なオーナーである主体と不適切な取引を行ったり，資金・信用を供与するのがよく見られる典型的な不正の形態だからです。

例えば，取引先の連絡先が対象会社の役員の連絡先と同一，対象会社の管理者と取引先のオーナーが兄弟，などといった状況が明らかになれば，利害相反の存在が推定できます。

●利害相反に対する社内規程があるか

そのような状況が明らかになっても，「当該取引先の提示条件が良かったので採用しました」と言われると，（よほど極端に市場価格との乖離していない限り）会社に損害を与えたことを立証することは困難になります。

そこで望まれるのが，「主な従業員（主要な管理職および購買関連部門の担当者）の家族・親戚・本人，元従業員が役員または株主である取引先について，報告の義務がある」，という趣旨の規定が導入されていることです。

その場合でも，「知りませんでした」と言われてしまう可能性があることから，取引先とそのオーナー・役員の一覧を，対象となる管理者・担当者に回覧し，該当する場合には申告するように通知することが考えられます。ここまでやれば，該当する状況が申告されていなかった場合には，少なくとも社内規定違反で処罰できるでしょう。

不動産や車両の登記情報は，大規模な不正に際して，蓄財が疑われる場合に調査します。特に親が有力者でもないのに，マンションを数室，高級車を数台保有しているような状況であれば，その資金の由来は推して知るべし，ということになります。なお，こういった登記情報は，その時々の行政の運用によって入手できないこともあります。

不正に係る資金の流れを解明するために，銀行口座の入出金情報を確認したくなる局面がありますが，これは合法的な手法では入手できません。昨今は，公安が資金の流れを監視するようになり，（従来からの銀行に加えて）公安から流出する情報を入手しやすくなっているようですが，裁判での証拠能力に問題がある他，不正に不正で対応するような形になってしまい，望ましいとは言えません。（そのような業者を下手に使うと，おかしなしがらみができてしまい，トラブルにつながる恐れもあります）。

これは，上記2の聞き込み調査におけるエージェントの起用にも当てはまります。いわゆる探偵会社のようなところに委託することになりますが，素性が確かで，非合法の手段をとらない業者を選定すべきであると言えます。

なお，ビジネスインテリジェンスは，不正調査の他に，潜在的な取引先や合弁相手の経営者のバックグラウンド調査（犯罪歴の有無など）として行われることもあります。

会計監査においても，新規に監査業務を引き受ける際には，マネジメントのバックグラウンド調査を行いますが，経営者が過去に粉飾決算を行った企業の幹部であったことが明らかになり，引き受けができなくなってしまうようなこともあります。

●不正調査の手法③…現場調査

現場調査は，不正リスク評価や兆候の検知のためにも行われ，その場合は，内部監査や内部統制監査の実務とよく似ており，仕組みの適切性を検討するとともに，運用の例外や異常性，不整合に着目して行います。対象の性質や数量によって，サンプリングなどの監査手法が用いられます。

一方で，既に不正の兆候が識別されている場合，つまり，特定の不正の存在が疑われる場合には，その不正に関連する資料を集中的・重点的に吟味し，その際には，仮装（偽造）や後付けでの作成・処理といった観点がより濃厚に含まれます。

また，一般に資料の提供は，現場の担当者・管理者に依存せざるを得ません。そのため，不正調査であることを明らかにしたくない場合には，内部監査や特定プロジェクトの一環としての体裁をとって実施します。

仮装された書類を発見するために注目すべきポイントには以下があります。

- 取引先の住所や担当者の連絡先が不明，または架空

- 営業税や増値税，運賃など本来発生する税目や費用が記載されていない
- 通常あるべき明細が添付されていない
- 綺麗に作成され過ぎている
- 取引先からの書類の連番に欠番が無い
- フォントサイズやフォントタイプが不統一
- 印章が不自然に薄いまたは濃い

これにより，例えば以下のような書類が発見されることがあります。

- 明らかに不自然，または市価よりも高額な相見積書
- 日付の誤った，または後付けで作成された契約書
- 取引先とは異なる発行先の増値税発票
- 理由の無い，または不明確な銀行残高照合の差異

●不正調査の手法④…インタビュー

インタビューは，不正の兆候を検知することや，内部統制の欠陥の認識などを目的としたヒアリングとして実施されることももちろんあります。しかし，不正調査としてのインタビューは，調査対象者の周辺者または本人から，不正についての情報（通報または自白）を得ることを目的として行われます。

これまでに解説した手法から，それだけで完全に不正を証明できる証拠が出ればよいのですが，出ないことも少なくなく，その場合には最終的に，入手できた状況証拠に基づいて，本人または周辺者に自白・通報を迫ることになります。

事前準備のポイントには以下が挙げられます。

- やり直しがきかないため慎重に準備する
- 証拠・関連情報として提示する資料を選択する
- 抜き打ち的に実施するのが望ましい

面接実施のポイントには以下が挙げられます。

- 被面接者のホームグラウンド以外の場所で実施するのが望ましい。
- 任意性を確保する。（強制的に実施する法的根拠は無く，あくまで任意の情報収集であるため。）
- プライバシーを確保する。
- 被面接者は常に１名のみとする。面接者は２名が原則。
- 被面接者を非難，攻撃せず，中立的で誠実に実施し，むしろ被面接者に同情的であるよう心がけるのが，実施根拠の面からも効果の面からも適切。

面接記録のポイントには以下が挙げられます。

- インタビューノートは，要点を簡潔にまとめ，重要な発言は直接引用して「」等を用いて示す。証拠として提出する可能性もあるため，主観的意見や印象等は書かない。
- 通常，録音をとることも望まれる。

【注】

※１：2011年８月から10月にかけて，中国８都市（上海，北京，香港，広州，深セン，蘇州，天津，大連）でセミナーを行った際に参加者の方々に協力を依頼し，無記名のアンケート形式で行いました。有効回答数は202件ですが，回答者によって該当しない質問項目等もあります。

※２：不正のトライアングル理論は，米国の犯罪学者であるドナルド・R・クラッシーが，実際の犯罪者を調査して導き出したものです。

※３：内部監査人協会（IIA）による内部監査の定義は以下の通りです。「Internal auditing is an independent, objective assurance and consulting activity designed to add value and improve an organization's operations. It helps an organization accomplish its objectives by bringing a systematic, disciplined approach to evaluate and improve the effectiveness of risk management, control, and governance processes.」

第8章

中国における商業賄賂と対応の方法論

> 功は焦らなくても良い。自分に実力がありさえすれば，運は必ず回って来る。
>
> 田中 角栄

§1　中国における商業賄賂

2012年の暮れに始まった，習国家主席の主導による反腐敗運動は，その後，数十人の共産党高級幹部，数十万人の共産党員の逮捕・更迭をはじめとして，各方面に大きな影響を及ぼしています。

政治的な思惑ももちろんあるでしょうけれども，共産党独裁や社会的慣習から不正・腐敗が起こりやすい中国において，経済水準が一定の段階に達した現状，必要なアクションであったと評価されています。

三公経費（公務員の海外視察，公用車，官官接待）の節減，中でも官官接待の減少により，高給レストランが倒産したり，白酒会社の株価が急落したりしました。ちなみに，高給レストランでの食事と聞いて，単に美味いものを飲み食いしているだけだと思うようでは甘いです。接待のレストランを指定されるような場合には，やたらに高い料理と酒を注文させられ，その代金のそれなりの部分が，接待される側にバックマージンとして渡っていることが多く，またレストランの経営者が（地方）政府高官の親族というような場合もあるのです。

少々余談ですが，官官接待の減少で，思わぬ影響を受けた日本企業もあります。高級ラインの製品の売上が落ち込み，調べてみたら，少なくない部分が実は贈答用の需要だったことが判明した，とのことでした。

2013年の夏に，欧米の医薬企業を対象に大々的な商業賄賂の取り締まりが行われ，その後も続いて自動車業界などに拡大したのも，この反腐敗運動の一環であると言えます。この前後では，政府機関や国有企業への贈賄ばかりでなく，民間同士の贈収賄についても，取り締まりを受ける可能性が格段に変わりました。もちろん，取り締まられなければやっても良い，ということでは決してありませんが，それ以前には，業界によっては，そのような手法で売上を伸ばすのが，常識になっていたのに対し，今はまがりなりにも無いことになっている，という違いには大きなものがあります。

欧米企業が全般に，取り締まられるリスクを踏まえて贈賄を行うかどうかを決めているように見受けられるのに対して，日本企業は，ひとつにはオペレーション欧米企業ほど現地化していないことがあるかと思いますが，相対的には手を染めていない場合が多いように思われます。

商業賄賂の取り締まりが厳しくなることにより，本来の実力で勝負せざるを得なくなることから，多くの日本企業にとっては朗報であるはずです。

本章では，中国における商業賄賂の関連規定や事例を紹介するとともに，マネジメントとして実際問題どのように考えるべきか，またリスク対応としての方法論を解説します。

●工商局は商業賄賂の情報を入手すると必ず動かなければならない

中国における商業賄賂は，反不正当競争法の中で規定され，日本と異なり，民間同士の賄賂についても，直接的に違法行為となります。その定義は（これは中国に限らない一般的な定義を踏襲していますが），会計帳簿外でリベートを供与・受領した場合，または実際の状況に従って会計記帳していなかった場合，となっています。

また，刑法でも，公務員に対する贈賄に続いて，国有公司・企業・事業単位・人民団体等への贈賄（通称「対単位贈賄罪」）が定義されています。

反不正当競争法の所轄官庁が，工商局であることから，商業賄賂の取り締まりは，基本的に工商局が担当しますが，犯罪としての捜査となると，公安が出てくることになります。

工商局は，商業賄賂の調査に関して広範な権限を持ち，各種の資料を閲覧・コピーしたり，経営者に説明を求めたり，（該当商品の）販売の暫定停止を命じる権限を持ち，また違法所得を没収することができます。

なお，工商局内部の業務指針に「手がかりが寄せられた場合には，一件一件しっかりと処理を完了しなければならない」という規定があり，実務的には，少なくとも事実確認をしなければならない，と解されています。その結果，端的には，通報対応に年中追われている，というのが実態になるわけです。

日本企業の現地法人の方から，「うちは特に後ろ暗いこともしていないのに，なぜかちょくちょく工商局が調査に来ます」，という話を聞きますが，要するに，通報されている，ということなのです。通報者は内部の従業員かもしれませんし，取引先もしくは競争相手かもしれません。会社とのトラブルで離職した従業員が，腹いせに工商局やその他の役所に通報するというのはよくある話です。

従って，（後述するような対応方法論以前の対策として），そのような通報をされない，というのが何よりの防衛策であり，かつ調査された時に困ることが無いのが何より，ということです。

また，工商局の担当官から，何も見つかっていないのに，「これくらいは認めてもらわないと困るよ」と言われる，という話も聞きます。しかし，筆者は，上海市の工商局の商業賄賂担当の若手幹部との交流会に参加したことがあり，そこで聞いたところでは，ノルマのようなものは一切無い，（通報に対応するだけで手いっぱいで，そんな仕事を増やすようなことはしません），とのことで，もしそのようなことを言う担当官がいたら，電話してください，と携帯番号まで教わりました。

その他，この若手幹部から聞いた内容を紹介します。

- 工商局の権限は，基本的に局（省・特別市）の単位。
- 上海市で，年間２万件を超える経済違法行為案件が寄せられる。商業賄賂の他には，商標，不正競争，不正契約など。
- 案件の主なルートは順に，通報，他政府部門（公安など）からのリファー，自己調査。
- 通報を受けて，何も出ない場合と，何か出る場合は，おおよそ半々。
- 商業賄賂の法令上の定義は，商業慣例に則った少額を除く。少額の判断は，性質と社会通念。
- 紹介料・手数料が問題かどうかは，当該法人の業務として適切か否か，労働の対価として妥当か否か。
- 高級カラオケをおごるのは商業賄賂。

●中国での商業賄賂が，米国の法令（FCPA）で処罰される可能性を認識する

商業賄賂に係るリスクとして，触れないわけにはいかないのが，米国海外腐敗行為防止法（FCPA）です。日本企業の中国事業であっても，現実問題としての金額的なリスクは，中国当局よりもFCPAに基づく米国当局による処罰の方が，大きいかもしれません。

この法令の制定のきっかけは，他でもない，冒頭に挙げた田中角栄がロッキード社の贈賄を受けたことです。日本で大きなスキャンダルであったことは言うまでもありませんが，米国においても，自国の名門企業が海外で起こした不祥事によって，主要な同盟国の首相が辞任に追い込まれたというのは，大き

く問題視されました。余談ですが，ロッキード事件は，企業の内部統制について，米国でより進んだ要請が検討され，理論として確立された要因のひとつにもなっています。

FCPAの内容について，ここではごく簡単に紹介すると，米国外の公務員に対する商業目的での贈賄行為を禁止するために制定されたもので，贈賄の対象は，外国公務員に限定されています。贈賄の主体は，本来は米国企業ですが，米国上場（SEC登録）の外国企業，米国人，米国外企業および非米国人で米国内で贈賄行為の一部が行われた場合にも適用され，実際に処罰されています。

企業の義務としては，まず会計処理条項（資産の処分および取引を，合理的に詳細，正確，公正に反映する帳簿，記録，勘定を作成，保存すること）で，先述の中国反不正当競争防止法の商業賄賂の定義と対応しています。それと並んで，内部統制に係る要請（適切な内部会計統制システムを設置・維持しなければならない）という要件があります。商業賄賂を発生させないための，仕組みづくりをしているか否か，が問われていることになります。

§2　中国における商業賄賂の事例

中国における商業賄賂の事例で，代表性のあるいくつかを紹介します。

●シーメンス…史上最高額罰金の米国FCPA（海外腐敗行為防止法）等違反事件

商業賄賂の事例1

2008年末，シーメンスは世界各地における商業賄賂に関して，合計約13億USDの罰金を支払うことで米国SECおよびミュンヘン検察庁と同意した。この中で，中国に関して以下の３子会社が関わっていたとされる。

- 西門子交通（シーメンスTS）：2002年から2007年にかけて，シーメンスTSは，香港に設立したビジネスコンサルティング会社等を通じて，中国の公務員に対して2200万USDを支払うことにより，総額10億USDに及ぶ，７件の地下鉄列車および信号設備を獲得した。
- 西門子中国輸変電集団（シーメンスPTD）：2002年・2003年に，シーメンスPTDは，ビジネスコンサルティング会社を通じて2500万USDを支払って，中国の公務員に対する贈賄を行い，華南地区で２件の総額8.38億USDの電力高圧電送線プロジェクトを獲得した。
- 西門子医療集団：2003年から2007年にかけて，シーメンス医療集団は，約1440万USDの賄賂を５か所の国内病院に対して行い，総額2.95億USDの医療設備を受注した。

これらのケースからも，受注額の２％～５％というのが贈賄の相場であることが分かります。

●3.8元…中国での史上最小対象金額の商業賄賂処罰と言われる事件

商業賄賂の事例２

安徽省の個人事業主陳氏が，青陽駅の屋台オーナーへの卸売りに際して，１箱52元のコーラに対して，ミネラルウォーター３本（0.6元/ボトル）とコーラ１本（２元/ボトル）計3.8元相当をリベートとして提供した。陳氏の行為は商業賄賂と判断され，2010年３月に青陽県工商局から罰金１万元の支払いを命じられた。

この3.8元は，１箱当たりであり，実際にはそれぞれの顧客に何箱も売っていたことは間違いありませんが，金額が小さくても，（先述の通り，通報があれば工商局は対応せざるを得ないため），調査を受け，処罰される可能性があるという良い例です。

処罰の理由については，推測されているところでは，帳簿に記帳されていないリベートとして，贈賄行為が認定された，というものですが，個人事業主でもちゃんと会計帳簿を記帳していなければならない，というのには少々酷なものがあります。

それよりも，商業賄賂の根拠法令は「反不正当競争法」であり，52元のコーラ１箱の粗利に対して，3.8元のリベートが社会通念上の妥当性を欠いている，という工商局担当者の判断があったのではないか，と考える方がよさそうです。

●グラクソ・スミス・クライン…医薬業界の大規模商業賄賂取締りの端緒となった事件

商業賄賂の事例３

2013年７月に，深刻な商業賄賂等の経済犯罪に関わったとして，グラクソ・スミス・クライン（中国）有限公司の高級幹部，旅行社社員が公安に拘留され立件された。贈賄の対象は，多くの病院・医師ばかりではなく，工商局・物価局・人社局等の監督官庁にまで及んだとされ，事件が開示された後，会社の中国における売上は約61％落ち込んだと言われる。

その後（2014年９月），30億元（約465億円）の罰金を科す判決が出ており，これは中国でこれまで出されたもっとも大きな罰金である。

会社が大々的に贈賄行為を行い，それによって巨額の不当な利益を得てきた，という判断が下されたことが分かります。

主に以下の手法・問題行為があったとされています。これらは，反不正当競争法等の一般商業賄賂に係る法令だけでなく，衛生局の規則や医薬業界の自主規程にも違反しています。

- 旅行代理店に，会議・トレーニング・忘年会などで，架空の参加者等で水増し発注を行い，キックバックを受け取り，贈賄の原資とした。
- 販売促進費用を第三者に支払い，第三者から医師への贈賄を行った。
- 医師に，講義報酬を支払う形式で，贈賄を行った。
- 工商局の調査に対応するために，工商局担当者への贈賄を行った。

大規模な贈賄は，その原資が収賄にあることが多い，というのが留意すべきポイントです。

ちなみに，会社の接待や贈答に関する規定（接待は１人当たり300元までが基準で500元を超える場合には特別承認，贈答は春節と中秋節の鮮花と月餅に限る）は，非常に厳格に適用されていたそうです。

●モルガン・スタンレー中国法人元幹部のFCPA違反事件

商業賄賂の事例４

ガース・ピーターソン氏は，2000年にモルガン・スタンレー中国の不動産部門に入社，コミュニケーション能力の高さなどからスピード昇進したが，2008年12月に，FCPA違反の疑いで会社を解雇された。2012年４月，上場企業の内部統制を回避しようとしたというFCPA違反を認めて米国SECと和解し，370万USDの罰金と従業資格の永久剥奪に合意。2012年８月，米国司法省より懲役９ヶ月の判決を受けた。

米連邦検察当局は，ピーターソン氏が２名（中国国有企業幹部とカナダ人弁護士）と共謀し，上海の共同住宅に関する数百億ドル規模の権益を不正流用したとしている。

この案件に関してまず注目すべきであるのは，共謀の相手は国有企業の幹部であり，政府機関勤務者ではないことです。明らかに，私利を貪るために，会社の資産を安く売却し転売して利益を山分けした，という不正スキームであるにも関わらず，外国公務員への賄賂防止のための法令によって，民事・刑事の両方で重く処罰されているということです。

また，もう一点留意すべきであるのは，モルガン・スタンレー自体は，処罰・起訴されていないことです。これは，会社として果たすべき義務，すなわち正しく会計処理を行い，適切な内部統制を整備・運用していたということを立証したからに他なりません。（さらに言えば，会社はそれが立証できることについて確信を持った上で，この会社に対する裏切り行為に対して，単なる懲戒解雇で済ませずに，行政・司法の手でも処罰してもらった，と推測することに大きな無理はないでしょう。）

§3　商業賄賂リスクへの対応の実務

前節の最後の事例が，商業賄賂リスク対応実務の骨子になります。商業賄賂の防止に関して，適切な内部統制を整備・運用していることが立証できれば，会社としての責任は免れることができる，ということなのです。

これは，ある意味で，不正リスク対応の考え方とは，対極にあるかもしれません。不正リスク全般については，会社の内部統制が甘いことで，従業員が不正を犯してしまった場合には，ある意味で会社に責任がある，と考えます。

商業賄賂については，会社に責任が無かったことを証明するために，内部統制が必要であり，それでも発生してしまった場合には，従業員が個人で行った犯罪である，ということになるわけです。

しかし，いずれにしても関連する内部統制が重要である，という点は共通です。

●商業賄賂の発生しやすい背景について理解した上で，適切に対処する

筆者の立場からは，商業賄賂など無しで商売をすべきである，と言わざるを得ませんし，今の中国であれば，実際にできると信じます。

しかし，現実問題として，これまで（現状も）商業賄賂が慣習になっていた業界で，本当に商業賄賂無しで商売ができるのか，と問う現地法人の経営者にはどのように回答すべきでしょうか。

中国の医薬業界のとある経営者から聞いたところでは，中国の医師はほとんどが公務員で，給与が安く，医師になるためのコストと医師になってからの待遇のバランスが，他の発展途上国と比べても極端に悪いそうです。そのギャップを製薬会社が埋めてきた，というのがひとつの背景になっているとすれば，

商業賄賂を根絶するのは難しいように思えます。

その一方で，現状は取り締まりが厳しく，欧米の製薬会社も，コンプライアンス部門が架空の会議（薬品の説明会など）が無いか，架空の参加者が無いか，本来ではない（医師ではない）参加者がいないか，などを真剣にチェックしています。

また，繰り返しになりますが，（医薬業界に限らず）政府機関や国有企業はかなり神経質になっていて，賄賂どころか，普通の接待ですら断られることもある，という状況が実際にあります。

今後，揺り戻しが来て，反腐敗運動が下火になる可能性はありますが，完全に以前のような状態に戻るというのも考えにくいと言えます。

中国で事業展開する企業としてどう考えるべきか，という点では，まずは何より，業界の動向をしっかりと把握する，ということが重要です。（これは何も商業賄賂の状況に限ったことではありませんが。）

競合他社がそのような手段を用いていないのであれば，自社ももちろん必要ないでしょう。問題は，そのような状況がある場合です。筆者としてお勧めしたいのは，調査をした上で，工商局に通報することです。先述の通り，通報があれば工商局は動かざるを得ません。なお，証拠不十分で終わってしまっては残念ですので，できれば証拠をつかんだ上で通報できるとベターです。（知的所有権侵害対応の実務に似ています。）

商業賄賂は，経済全体から見れば，（最善のものが選ばれないことなどから）非効率をもたらすものであり，社会的なコストです。経済レベルが上がると不正・汚職が減る，という相関関係は，実は，不正・汚職が経済レベルの上昇を妨げている，という側面もあると言われています。自社の競争にも有利になるし，中国の経済にも貢献できるとすれば，一石二鳥です。

とはいえ，そのような積極的な対応をとれない会社もあるでしょう。その場合，少なくとも会社としては，コンプライアンス違反を犯さないこと，すなわち会計処理を正しく行い，内部統制の整備・運用を行うことが重要になります。

商業賄賂リスクに対応するための内部統制として，実務的に「ポリシー&マニュアル」「トレーニング」「モニタリング」の３つが必要であると言われています。

●商業賄賂リスクに対応する内部統制①…ポリシー＆マニュアル

商業賄賂リスクに関わる社内のポリシー&マニュアル，すなわち規程類として，以下が望まれます。

経営理念・倫理綱領：

- 会社の事業とその運営は，社会・地域に貢献するものであること
- 商業賄賂に当たる行為，その他の違法行為を行ってはならないこと

先述のように，営業部門などの現地管理者・担当者は，会社の業績を伸ばすために，良かれと思って贈賄を行う可能性があります。このような規定が無い場合，会社として実は推奨していた，ととられかねません。

贈答：

- 現金・一定価値以上の物品の贈物，旅行・遊興等の接待をしてはならない，また受けてはならないこと
- （許容範囲内の）贈物を出す場合には事前承認，受けた場合には事後報告が必要であること

寄付：

- 提供先から，書面での受領確認を入手すること
- 寄付・援助の理由・金額について妥当性の検討・承認があること

寄付やサンプルについて，先方から書面での受け取りをもらうことは難しい，と言う現場の管理者・担当者が少なくありません。しかし，こういう無料でもらえるものに対して，先方が受け取りにサインできない理由というのは，いっ

たい何でしょうか。会社・法人として受領するのではなく，個人のポケットに入れるためだと考えるのがごく自然です。贈賄と認定されるリスクは相当に高いと言わざるを得ません。

サンプル：

- 提供先から，書面での受領確認を入手すること
- サンプル提供の理由・量についての妥当性の検討・承認があること

交際費：

- 実体として交際費であるものを，他の費目で予算申請・精算しないこと
- 交際費・会議費の金額（総額および１人・１回・接待先当たり）について限度額があり，内容について妥当性の検討・承認があること

経費：

- 経費精算，従業員前渡金は，全て銀行振込とすること
- 経費・旅費の内容・金額（総額・１人当たり）について，限度額があり，妥当性の検討・承認があること

就業規則：

- 規定からの逸脱に対する具体的な処罰の規定があること
- 管理職には部下への監督責任があること

これらについては，不正や商業賄賂全般について，重大な問題が起きた時に，実際には上司も承知していたと考えざるを得ないが，担当者レベルの証拠しか出てこない，ということが多いのです。実務的に，どの程度の状況であれば上司としての監督責任を問えるのかは，難しい問題ですが，例えば，公安が動くような案件であれば，不自然ではないでしょう。

●商業賄賂リスクに対応する内部統制②…トレーニング

ポリシー&マニュアルについて，周知徹底されていることが必要です。主な留意点は以下の通りです。

- トレーニングを実施した記録が残されていること
- 受講者が受講した記録が残されていること
- 受講していない対象者について，リマインドが行われ，補講の機会があること

インターネット等でトレーニングを受講できるようにした「E-ラーニング」は，補講しやすく，受講の証拠を残しやすい手法です。

講義形式であれ，E－ラーニングであれ，適切な内容が適切な時間で配分されており，資料について，要点が分かりやすく，また実例などを交えて興味を持って受講できる内容となっていることも望まれます。

また，トレーニングとは少し異なりますが，特定の規程または会社の規程類全般について，内容を読み承知した旨の「宣誓書」を従業員から入手することも考えられます。

●商業賄賂リスクに対応する内部統制③…モニタリング

ポリシー&マニュアルが順守されているかどうかについて，モニタリングを行うことも必要だということになっており，これも証跡を残しつつ実施することが重要です。

主なモニタリング手法には，以下があり，それぞれにメリットデメリットがあるため，組み合わせで行うことが適切です。

内部監査：

- メリット・・・より専門的なモニタリング・状況の検討が可能。
- デメリット・・・広範囲に適切な内部監査を実施するのは，コストがかかる。

自己点検：

- メリット・・・定型的なチェックを広範囲に行うのに適している。
- デメリット・・・チェックの有効性が，実施部門のモラルに依存する。深い内容の検討に向かない。

データ分析：

- メリット・・・分析ツールを導入しパターンを設定すれば，定期的に低コストで網羅的な分析が可能。
- デメリット・・・設定に対する定型的な分析しかできないため，ブラッシュアップが望ましい。

コラム3

言語の話

日本人が中国人と接して，理解しあったり一緒に仕事をしたり商談をする上で，一番の障害となるのは言語でしょう。

特に，中国語独特の発音と声調（音の高低や上がり下がりによる意味の違い）をマスターするのが難関です。日本語と中国語は，言語学的にも全く別の系統に属し，声調の有無，複合母音の有無，語順など何から何まで違っていて，日本人と中国人は見た目はよく似ている人も多いのに，言葉はどうしてここまで違うのかと思うほどです。

しかし，この最初の難関を突破してしまうと，文法は簡単ですし，なんといっても漢字という大きな共通項があり，日本語中国語ともに普段あまり使わない漢字ほど本来の意味を残しているので，ビジネスで（といっても様々な局面で必要程度は異なりますが）使用できるレベルに達するのは，特に欧米人など非漢字圏の外国人に比べると，難しくないと言っていいと思います。

多彩な中国南方の諸方言

ところで，よく言われることですが，中国の中にもいろいろな方言があります。

単に中国語というと通常，普通話（北京官語）を指し，教育やテレビなどによってほぼ中国全土の人が会話できますし，最近では多くの香港人や海外の華僑も習得していますが，北京を中心とした華北はもちろん，東北や西北（の漢族）では日常語でもあります。

山東，四川あたりの日常語は，かなりくせがありますが普通話ベースで，（私には無理ですが，ネイティブの中国人はほぼ）聞いて理解できるので，まさに日本の方言のような感覚です。

これが，華東や華南に来ると，相互に全く通じない，別の言語と言わざるを得ない多くの言葉があります。主なものは広東語（広東・香港），呉語（上海・江蘇・浙江），閩南語（福建・台湾）などですが，例えば声調だけをとっても，普通話の４声に対して，広東語は８声，閩南語は７声といった具合です。

ちなみに，北方と南方（華東を含む華南）との境は，昔から（長江ではなくてその少し北の，山東省と江蘇省との境でもある）淮河とされています。「橘逾淮為枳」：楚（今の湖南・湖北省あたりの国）の宰相が斉（今の山東省あたりの国）の王に，水や土の違いで，同じ木でも淮河の北に植えると苦い実がなり南では甘い実がなると言った，という春秋時代の故事がありますが，筆者が実際に淮河まで車で１時間という江蘇省北部の都市に出張した際に，当地の言葉が上海語とよく似ていて，上海人の同僚が聞いて分かると言っていたのに対して，淮河を超えてまた１時間強でたどり着く青島では普通話ベースの山東方言だということで，ミカンだけではなくて人間の言葉も，春秋時代の昔から現代まで南北の境界が変わってない，ということが感慨深かったのでした。

また，この淮河と泰嶺山脈を結ぶ線が年間降水量1000mmの境界とほぼ一致しているので，北方の小麦・畑作の食文化と，南方の米作の食文化の境目にもなっているのです。

歴史書にも，春秋・戦国時代の楚は，他の中原の国々とは言葉や風習が違い，蛮族として見られていた，といった記述があります。黄河流域で興った黄河文明が，周辺の民族を中華文化圏に取り込んでいったという経緯を感じさせます。

日本語と共通点の多い上海語

さて，上海で話されている呉語（上海語）についてです。（と書くと，あたかも上海語ができるようですが，ほんの少しかじっただけで，とても実用レベルではありません。）

上海語の発音には定まった表記法が無く（これが勉強しにくい原因です），公式にと言うより一般に，声調があるとされていることも多いのですが，実際には，漢字１文字分の音の高さや上がり下がりが決まっている普通話や広東語の声調と異なり，前後の音によって相対的に高くなったり低くなったりすることが多く，むしろ日本語の高低アクセントのパターンとよく似ています[※1]。また，日本語と上海語のどちらにもRとLの区別が無く，RとLの区別が無い言語というのは，世界でも非常に少ないのです。nとngの区別や，そり舌音（ピンインではzhi，chi，shi）と歯茎音（zi，ci，si）の区別もありません。また，清音が続くと，後の音が濁音となる，という音変化

図表29　中国の方言

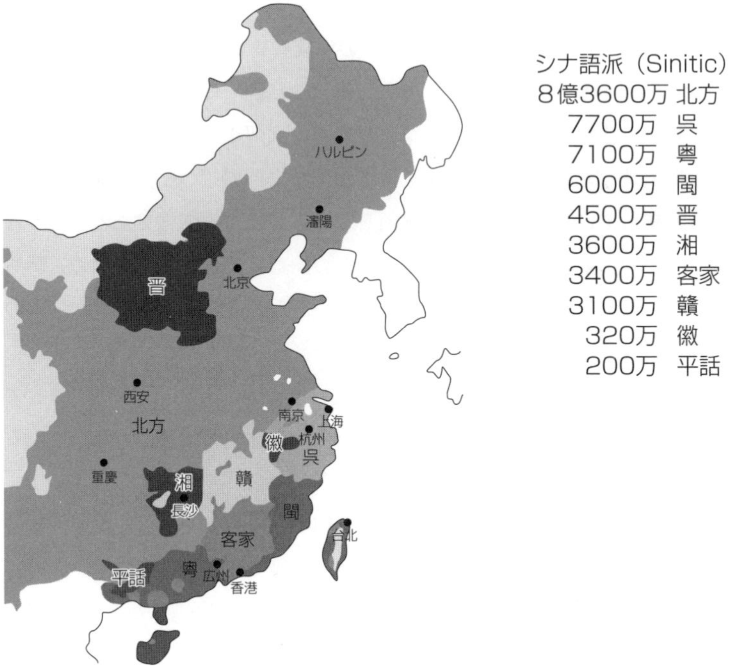

（出典：ウィキペディアコモンズ。投稿者Takasugi Shinji）

もあります（例：上海語「謝謝：しゃじゃ」，日本語「猩猩：しょうじょう」）。実際，多くの上海人が，海外や他の地方で上海語を話していると，日本語を話していると思われることがある，と言います。

もちろん，日本語と異なる点もあります。下唇を噛むvやfの音がありますし，曖昧母音（普通話の「餓」や上海語の「没」）など日本語には無いいくつかの母音があります。

アジアの諸言語の近縁関係は語彙よりも音韻体系でよりよく説明できると思われる

筆者は（中国の方言には手が出ませんが）海外出張の際には，趣味と実益を兼ねて，目的地の言語を挨拶くらいは勉強してから赴くようにしています。しかし，中でもタイ語は，独特の文字もあってただでさえ覚えにくい上に，発音が難しすぎて挨拶すら通じないほどでした。普通話，広東語，閩南語を含む中国語やタイ語，ベトナム語などの言語は，多くの母音やそり舌音，巻き舌音，声調などと相まって，日本人には習得が難しいと言えるでしょう。

私の所属する部門の香港人が，「タイに行って大声で広東語を話すと半分ぐらい通じるんだよ」と言うので「そりゃ，大声で叫べばみんな何か問題あるんだろうと思って注目するからじゃないですかね」と茶化したものですが，実際確かに似ている気がします。

一方，インドネシア語や韓国語は，日本人に習得しやすいと言えます。特にインドネシア語は，文法が非常に簡単で，表記もアルファベットであることから世界でも最も覚えやすい言語のひとつと言われており，私も数回の出張で食事の注文くらいまでできるようになりました（もう忘れてしまいましたが）。

海外に行くと，日本のいろいろなことがより客観的にとらえられる，と言います。筆者はもともと言語に興味があったこともあり，上海に赴任してから，日本語のルーツについて，いろいろ想像したり調べたりしたものです。この場を借りて，興味深い定説や仮説を紹介するとともに，筆者の推測を付け加えてみたいと思います。

アジアの主な言語について，音韻体系（発音などの特徴）をまとめてみました。

伝統的な比較言語学では，基礎語彙の類似性が最も重視され，祖語や他の言語からの乖離度が検討されます。しかし，例えば日本語にも近年それはもうたくさんの外来語が入ってきていますが，基本的な音韻体系は（最近時々使われることのある「ヴ」の音などを除き）変わっていません。従って，音韻体系（の認識上の区分）は，少なくとも基礎語彙や文法構造と同等かそれ以上に，言語の祖形を考える上で重要だと思うのです。

図表30　アジア諸言語の音韻体系などの主な特徴（※2）

	タイ語	広東語	中国語普通話	上海語	日本語	モンゴル語	韓国語	インドネシア語	台湾原住民語
基本母音数	9	7	7	8?[*1]	5[*2]	7	8[*3]	6[*4]	5[*5]
複合母音（括弧内は複合母音の最大数）	有(3)	有(3)	有(3)	有(2)[*6]	無?[*6]	無	有(2)[*6]	無	無
声調の有無	有(5)	有（6～）[*7]	有(4)	無?[*7]	無	無	無	無	無
そり舌音の有無	有	無[*8]	有	無	無	無	無	無	無
RとLの区別	有	無	有	無	無	有?[*9]	無	有	有
語尾/音節末のnとngの区別	有	有	有	無[*10]	無	無[*10]	有	有	有
語尾/音節末の無開放閉鎖音の区別	有（p, t, k）	有（p, t, k）	無[*11]	無[*11]	無[*11]	無	有（p, t, k, n, m）	有（p, t, k, n, m, d, b）	有（p, t, k, n, m, d）
有気・無気三段階の子音	有[*12]	無	無	有?[*12]	無	無	無?[*12]	無	無
言語類型	孤立語	孤立語	孤立語	孤立語	膠着語	膠着語	膠着語	膠着語	膠着語
語順	SVO	SVO	SVO	SVO	SOV	SOV	SOV	SVO	VSO
用言活用・助詞の使用					有	有	有		
語族・諸語	シナ・チベット系統			?	?	アルタイ系統		オーストロネシア	

（出典：筆者まとめ）

この表を見て改めて思うのは，中国の普通話と日本語が，全くほとんど何から何まで異なっているということです。中国語の発音をマスターするのが，日本人にとって難しいのも無理はありません。

もう一点目につくのは，日本語というのは，最も音韻体系が統合化（単純化）された言語だということです。母音も少なく単純で，他の多くの言語では異なる発音として認識される複数の発音が同一の音として認識されています。

日本語は，特に文法などはアルタイ諸語との類似性が高いが，母音の強い音韻体系はオーストロネシア語族との類似性が高い，と言われます。

そして，日本人が縄文人と弥生人が混合して形成された，というのは定説かと思います。それでは，縄文人の言語はオーストロネシア語族で，弥生人の言語がアルタイ諸語だったのか，というとそう単純でもなさそうです。

縄文人はどんな言語を話していたのか？

語彙統計学の研究によって，台湾原住民の諸語が言語学的にオーストロネシア語族の祖語の最も古い形を保っており，考古学的な証拠と併せて，約5200年前に一部が台湾近辺を後にして南方に向かい，フィリピン，インドネシア，マレー半島と南下し，西暦 5世紀にインド洋を越えてマダガスカル島に達し，さらに東の太平洋の島々にも拡散したことが明らかになっているそうです。

一方，縄文人の祖先は，約５万年前に中央アジアにいた集団が東進を続けた結果，約３万年前に北方ルートで北海道に到着したと推測されています。

また，最近の遺伝子の研究によると，台湾原住民には，Y染色体にO１遺伝子型が多く，フィリピンやジャワ島でも比較的比率が高い一方で，日本人にはO１はほとんど見られません。アイヌ民族が，縄文人と民族的文化的な関連性があることは，ほぼ通説かと思います。アイヌには，（アジア人種よりも地中海沿岸や中東に広く分布する，非常に古いE系統の仲間とされる）D２遺伝子型が多いのです。

というわけで，縄文人の言語は，台湾近辺でオーストロネシア祖語が成立する前に分化して日本に来た人々が受けついだ前オーストロネシア祖語であり，日本語のオーストロネシア語族的特徴は，ここに由来するのではないか，というのが筆者の仮説のひとつです[※３]。

縄文人とオーストロネシア祖族とが分化した時期は，約１万年前，直近の氷期が終わり，海面がある程度上昇したころ，と想像できるかもしれません。

弥生人はどんな言語を話していたのか？

日本で水稲耕作が始まった年代については近年多くの議論があるようですが，弥生人が日本に水稲耕作を持ち込んだというのは定説です。

近年の稲の遺伝子の研究などから，弥生人は長江流域か山東省付近から渡来したと推測されていますが，だとすれば，普通に考えるとシナ・チベット語族か，もしくはミャオ族などの話す（シナ・チベット語族とは別の語族と考える場合もありますが，いずれにしても）声調があり，母音と子音の区分の多い，日本語とは全く異なる音韻体系の複雑な言語です。

しかし，弥生早期の遺跡などに防衛機構などがみられないことなどから，少数で渡来した弥生人は水稲耕作によって人口を増加させつつ，一部の縄文人集団も水稲耕作を開始したりして，比較的平和的に混交したと考えられています。だとすれば，弥生人が自身の言語の特徴，文法構造や音韻体系を完全に捨ててしまうというのは，考えにくいと言わざるを得ません。

ここで上海語に注目していただきたいのです。

上海語の音韻体系に，日本語との共通点が多いと言えるのは先述の通りです。しかし先の表で見てみると，上海語の音韻体系は，日本語的であるというよりも「アルタイ語的」です。（モンゴル語や韓国語とも２～３項目しか違いません。）

つまり，古代には，長江下流域にアルタイ系言語を話す民族が定住していた。この長江下流域の民族が，まず長江文明（※４）の影響を受けて水稲耕作を開始し（7,000年～4,000年前頃），黄河文明の影響を受けて完全に漢民族化する前に，弥生人として日本に渡来した，というのが筆者のもうひとつの仮説です（※５）。

弥生人の渡来も一度だけではなく，（近年は，日本で最も早い水田機構は紀元前10世紀頃に遡ると言われているにしても）大規模な渡来は，従来の弥生時代の始まりとされてきた紀元前５世紀頃と思われます。有名な呉越同舟の呉滅亡がちょうど紀元前473年なのです。

弥生時代前期の遺跡は北九州に集中していることからも，朝鮮半島には渡来していなかったと考える方が不自然です。従って，弥生人系集団の間はほぼ同じ言語で会話でき，もともと海を渡ってきたわけですから，往来も少なくなかったでしょう（※６）。

日本列島の弥生人集団が交易や婚姻などを通じて，穏やかに縄文人集団と交わったとすれば，より本格的な混合は，近畿地方に大規模遺跡が増えてくる弥生時代後期の２世紀頃からではないかと思われます。

朝鮮半島との交流が盛んであった古墳時代までは，上流階級の言語はより弥生的純粋さを残しており，庶民／生活に密着した用語から縄文化（５母音化）したとすれば，白村江の戦い（663年）に大敗して朝鮮半島への影響力を失った後，現地化が加速したかもしれません。

８世紀前半に編集された，「古事記」「日本書紀」「万葉集」の上代（奈良時代頃）の万葉仮名文献に用いられた表音的仮名遣いでは，現代日本語の50音のうち，イ段のキ・ヒ・ミ，エ段のケ・ヘ・メ，オ段のコ・ソ・ト・ノ・（モ）・ヨ・ロおよびエの14音について，甲類と乙類の万葉仮名の書き分けが見られ，両者は厳格に区別されていたことが分かっているそうです。（モの区別は「古事記」のみ）。このことから，上代の日本語においては母音がアイウエオの５音の他に，イエオのみ甲乙の２種類に分かれ，８母音であったというのがほぼ定説となっているとのことです。

筆者が思うには，イ段で３つ，エ段で３つ，オ段で６（７）音しか乙類が無いということで，異なる母音に対してそれしか子音が使われないというのは少なめですから，既にある程度融合が進んだ段階だと考えるのは不自然ではありません。また，古事記ではモの使い分けがあるが，日本書紀や万葉集では無いということも，語り部が口伝えていた音韻や，編纂にあたった人の知識上の音韻は，当時の口語よりももっと古い時代のものであることを示している可能性があるように思われます。

弥生文化の担い手が渡来人であり，縄文人と混交しながら，古墳時代に移行していったことを考えると，言語についてもアルタイ語系（古呉語）が基層にあり，前オーストロネシア祖語から影響を受けて，特に母音体系が変化して出来上がったのが，日本語である，という推論になります。

その一方で，長江下流域に残った人々の言語は，音韻体系はさほど変化していないものの，中華文明の，特に漢字を用いた書き言葉の影響を受けて，文法的には完全に中国語化したのが，上海語（現代呉語）である，という推論です。

図表31　日本語と上海語の形成についての推論まとめ

	日本語	上海語
文法	古呉語	古呉語→中国語化
母音体系	古呉語→前オーストロネシア化	古呉語
その他の音韻体系	古呉語	古呉語

O遺伝子型を共有するアジアの農耕民族

アジア全体に視点を広げて，再び遺伝子の話ですが，華北の典型的なY染色体はO3遺伝子型，方言の多い華南やタイではO2a遺伝子型となっています。

モンゴルなど北方のアルタイ諸語系の民族はC3系統が主であるのに対して，日本や朝鮮半島では，（華北系統のO3や縄文人系統のD2を除くと）O2bがメインです。つまり，農耕民族系のアルタイ語系統（O2b）と，遊牧民族系のアルタイ語系統（C3）に分けられます。遺伝子型の典型を跨がってひとつの言語系統があるわけですから，どこかでどちらかの交換が行われたと考えなければなりません。

ユーラシア大陸で遊牧民族が活躍を始めたのは紀元前９世紀頃，明らかにモンゴル系と見られる民族は紀元前５世紀頃の匈奴が最初で，比較的年代が浅いので，むしろもともとアルタイ祖語はO2b系統の民族の言語で，その一部を4,000年～3,000年前にC3系統の民族が征服して，言語的にはアルタイ語化した（がY染色体は圧倒した）と想像できるかもしれません。（ジンギスカンものの小説を読めば，そういうこともあったかもしれない，と思わされますよね。）

もしアルタイ祖語がO2b系統の民族の言語であれば，１万年～4,000年前の間に，O系統の古東アジア人から，台湾・島嶼方面にO１（オーストロネシア語族），華南にO2a（南方シナ・チベット語族，タイ・カダイ語族），華東にO2b（アルタイ語族），華北にO3（古漢語＝北方シナ・チベット語族）が分化したのでは，と綺麗にまとめることができます。

農耕の開始による人口の増加が，分化のきっかけかもしれません。（台湾原住民も農耕・栽培民族です）。

古代漢語には動詞の活用や代名詞の格があった，また広東語は中国語の古い特徴を残しておりタイ語との関連性がある，とも言われます。大元が同じであれば，呉語と広東語に共通点が指摘されることと，古呉語がアルタイ祖語であることは矛盾しません。むしろ，中国南方諸族の祖と言われる伝説の百越族のDNA型はO2で，それがO2a（南方シナ・チベット語族）とO2b（アルタイ祖語）に分化したのかもしれません。

図表32　O系統Y染色体遺伝子型と言語分化の仮説まとめ

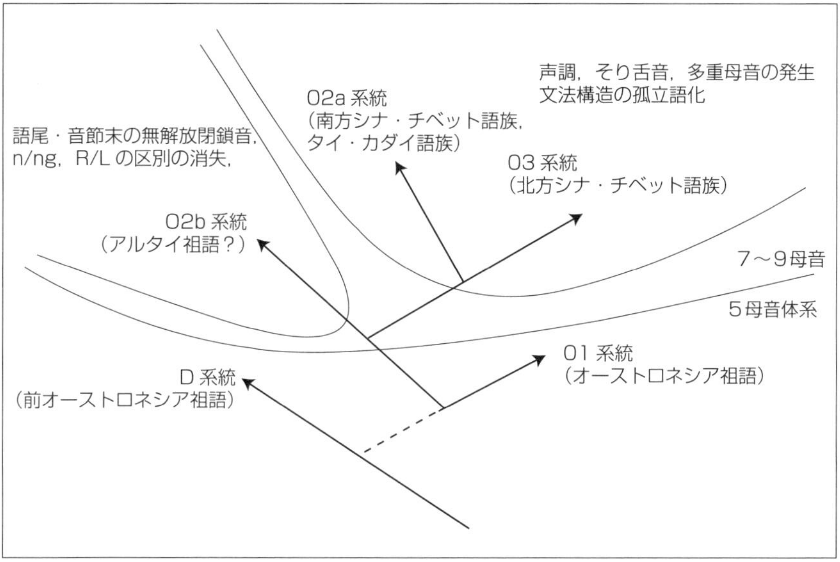

（出典：筆者作成）

長いコラムになりましたが，最後にひとことで締めくくると，遺伝形質，文法構造，音韻体系，そして文化は，過去何万年の人の移動と交流によって描かれた，多彩な重ね塗りの水彩画のようです。

このような広い視野で言葉と民族を考えると，自分が現代国家の何人であるかなどということは，瑣末なことに感じられてきます。

（このコラムは「事例でわかる中国子会社の部門別リスク管理」に掲載したものを，一部改編しています。）

【注】

※１：日本語の「ことり」低高高，「たまご」低高低，「トマト」高低低。上海語の「五六七」低高高，「六七八」低高高，「七八九」高高低。より正確には，１文字分のみを言う場合には声調らしきものがありますが，２文字分以上続けて発音する場合，文字ごとの高低のみを意識すれば，（声調は無視しても）ほとんどの聞き手には違和感が無いようです。（筆者が参照した資料（上海呉語手冊2009）でも，「5～6の声調があるようにも見えるが，実際には同じ声韻母に対しては通常，高低の２種類しかない」，と認めています）。また，同じ音の高低も，上の例のように単語によって変わるので，各漢字に対応してむしろしっかりと決まっているのは長めに発音されるか，（入声的もしくは促音的に）短く発音されるか，を含む音声だけだと思われます。

短い発音といえば，古代北方の中国語には「入声」というp，t，kの音で短く終わる発音が声調の一つとしてあり，その後比較的長い平声という声調が現代北方語（普通話）の第一声と第二声に分化するのにつれて消滅したことが分かっているそうです。このことは，声調と音の長短には一定の代替関係があることを示していて興味深いところです。上海語の「儂好」（のんほう：普通話で言うニイハオ）の儂は普通話の２声のように発音されますが，「謝謝儂」（しゃじゃのん）の儂は４声のように発音されます。普通話の３声３声の時は前が２声になるというような声調変化が複雑だとみるよりも，長めの音は声調を帯びやすく，普通話または他の中国の方言の影響を受けたものと考える方が自然なくらいです。

※２：以下，表中の*印について解説します。

*１：上海語の基本母音として，筆者の参照した資料には，10（/ɿ, ɑ, E, ø, ɔ, ɘ˞, ʊ, ɯ, i, y/）も記載されていますが，本当にそうだとするとアジアの諸言語の中でダントツに多いことになってしまいますし，10全てが異なる基本母音として話者に認識されているか，また識別する必要があるかは疑問です。同僚によると，/ʊ/と/ɯ/は違いを認識せずともよいのでは，とのことですし，/ɿ/と/y/も，子音によってどちらか片方になり，両方が使い分けられるケースは無いかもしれません。また，/ɘ˞/は複合母音として認識してもよいかもしれません。上海語の資料には多くの発音が記載されていますが，地域差や個人差が含まれており，多数の話者が，実際に何種類の「音」を区別して認識しているかが，整理されていない状況だと思えます。つまり，実際の発音に，国際音声標準記号で言うところのどのような音声があるか，ということよりも，むしろ肝心なのは，実際に何種類の「音」が区別されて（大多数の）話者に認識されているか，ということです。日本語でも，「ん」の実際の発音は/m, ng, n, N/，「う」は/ɯ , u, ʊ/などですが，それぞれ一種類の「音」として認識されます。

*２：本文の通り，上代日本語は８母音だったと考えられています。

*３：ハングルの反切表（日本語の五十音表に相当）では，10の母音字が挙げられていますが，（他の言語で母音と識別されるような）短母音は８つ（/a, ɛ, e, i, ɔ, o, u, ɯ/）です。ただしソウル方言では，/ɛ/と/e/の区別は無くなり７つになっ

ているとのことです。

*4：インドネシア語で表記が「e」の母音に，発音は/e/と/ə/の2通りがありますが，区別は比較的弱く，（英語のaの強勢のあるときの/æ/と無いとき/ə/のように）はっきり発音される場合と，弱く発音される場合，という違いにも思えます。とはいえ，区別して発音しないと正しくはありません。

*5：uとoは区別が薄く，4と考えることもできます。※3参照。

*6：日本語の「や，ゆ，よ」のyや「わ，を」のwは子音の中でも半母音と言い，複合母音に近いものです。（「ひゃhia」「にゅniu」「じょjio」「わua」「をuo」と表してもさほど違和感がありません）。実際，韓国語では，日本語で言う半母音のいくつかに母音字を当て（「ㅑya」「ㅠyu」「ㅛyo」），一方で，/e/や/ɛ/は母音字の組み合わせ（ㅔ=ㅓ+ㅣ，ㅐ=ㅏ+ㅣ）で表現します。また，yの子音（半母音）は，モンゴル語，インドネシア語，台湾原住民語にもあります。

上海語の複合母音は，iとuとy（普通話のピンインで言うü）で始まるものばかりで，かつ母音ひとつずつ順番に発音するというよりは，まとめて発音される傾向が強いので，半母音だと解釈できなくもなさそうです。（ただし，もし/ɘ-/を複合母音だとしたら例外になります）。また，3重母音は無いと考えて良いようです。

韓国語には，yやw（半母音）では表せない複合母音がひとつだけ（「ㅢ」/ɯi/）あります。

*7：広東語は資料により，6声，7声，9声など違いがあります。先述の通り，上海語には，実際的に意味の識別に用いられる声調は無いと思われます。

*8：広東語におけるそり舌音と歯茎音の区別は，近代に入って消滅したことが分かっているそうです。

*9：モンゴル語には，舌を上の歯の裏に当て息を舌の両側から出す独特の子音があります。他の言語に一般的に存在する子音と対応させると，「L」の発音の風変わりなものという当てはめ方が自然で，ちょうどフランス語の「R」の発音の特殊性と似ています。しかし，Lではないとすれば，LとRの区別が無い言語だとも考えられます。

*10：上海語は，筆者の参考した資料では1種類しか記載していませんし，はっきりと「ng」で発音される語もありますが，全て弱めの「ng」で発音してしまえば，ほとんどの話者には違和感が無いようです。

モンゴル語は，ひとつの文字（キリル文字の「H」）で表記されますが，母音の前ではn，子音の前および語末ではngとなる，という規則性があるそうです。

日本語でも東日本，特に東北弁には語によってnとngの違いがあると言われ（例：十五jyu-go，銃後jyu-ngo），日本の東北地方の人が中国語の普通話を習うと，nとngの使い分けがうまいという話があります。

*11：日本語や上海語には，短く終わる音はあっても，他の言語のようにt，k，p，d，bなどの子音を発音しわけることによって違う音だとは認識されません。日本語

にも実は，語中には，はっぱ（happa），だっこ（dakko），まったく（mattaku）などの類似の発音がありますが，表記と認識では全て小さな「っ」になっています。しかし，語尾/音節末が小さな「っ」で終わることは基本的にありません。上海語にもaq，eq，iq，oq，など，日本語の小さな「っ」とよく似た発音があり，語尾や音節末に来ることもありますが，p，t，kなどの子音を発音しわける必要はありません（全て「k」）。むしろ，単に「短い音」として話者には理解されています。

古代北方中国語にあった，p，t，kの入声が消滅したのは，南北朝時代や五代十国時代に主に北方を支配した騎馬民族のアルタイ系言語の影響であると言われています。

*12：筆者の参照した上海語の資料では，多くの子音に対して，３段階の濁音／無気清音／有気清音の区分があることになっています（/b/p/ph/，/d/t/th/，/g/k/kh/，/dj/c/ch/）。このような３段階は，他にはタイ語/d/t/th/，/b/p/ph/にあります。韓国語は文字は２段階ですが，弱い方は語頭では無気清音，語中では濁音で発音され（/b, p/ph/，/d, t/th/，/g, k/kh/，/dj, c/ch/），３段階とも言えます。日本語は濁音と清音の２段階（/b/p/，/d/ t/，/g/k/）で，無気清音と有気清音の区別がありません。中国語普通話には濁音が無く，無気清音／有気清音の２段階です。上海語の無気清音と有気清音の区別は比較的弱いようで，古い様式が残っていると考えるか，北方漢語の影響と考えるべきか，微妙なところだと思います。

※３：台湾原住民語（アミ族）では，母音にはa，i，u，o，eがあり，oとuはそれぞれの単語について地方によって代替的に使用され，意味上の違いをもたらさないことも多いが，全く混同して使用されると，ネイティブ話者は正しい発音ではないと感じるそうです。アイヌ語の母音も a，i，u，e，o の５種だが，u は日本語の「ウ」と発音が異なり，日本語を母語とする者には「オ」のようにも聞こえることもある，とのことです。また，台湾原住民語もアイヌ語も，子音の種類がかなり多く多重子音もあって，閉音節（口を閉じる形で音節が終わる）が多く，語尾・音節末の無開放閉鎖音（図表30参照）やnとngの区別も明確です。

一方，アイヌ語と台湾原住民語との相違点として，アイヌ語にはRとLの区別はありません。また，アイヌ語は形態論的に抱合語というイヌイットやアメリカ先住民族らの言語の間でしか見られない，アジアでは珍しい分類に属するとされます。

※４：長江文明とは，1970年代に発見された遺跡から存在が明らかになった，黄河文明とは並列する稲作を中心とした文明で，今から１万4,000年前頃には稲作を行い，8,000年前頃には大規模な遺跡を構築していたとされています。6,000～5,000年前頃に黄河文明が南下するにつれ，長江文明の一部は半漢民族化（後の楚・呉・越）するとともに，一部は雲南や貴州の山岳地帯に逃れて現在のミャオ族などの少数民族として残っていると推測されています。

※５：魏志倭人伝で，倭人の風俗として男子の刺青が挙げられています。他の歴史書（史

記や荘子）でも，刺青が江南の蛮族の風俗とされています。

※６：騎馬民族征服王朝説と言い，中国の東北地区北部の松花江流域の平原にいた扶余系の騎馬民族が南下して朝鮮半島に高句麗，辰国，百済を建てると共に，一部が４世紀後半に日本列島に入り，任那と西日本を合わせた征服王朝を立てたという仮説があります。その根拠として，ズボンの着用や騎乗などの遊牧騎馬民族由来の文化が５世紀頃の日本列島で急速に広まったこと，古事記や日本書紀の神話に高句麗など朝鮮半島の開国説話と共通の要素が見られること，日本書紀の中で高句麗の王を「高麗の神子」と呼びかけていること，などを挙げています。

しかし，実在したとすれば大事件であるにも関わらず，中国・朝鮮・日本の史書に揃ってその記載は無く，むしろ中国の史書では，紀元前１世紀から７世紀に至るまで一貫して日本の国家に「倭」を用いていること，古墳時代の前期と中・後期の間に，大きな文化的断絶は見られないこと，といった反論があり広くは受け入れられていません。筆者も，言語が激変するような大規模な人数の移動ではなく，中世～近世のヨーロッパの王族のような王家同士の婚姻や，先進技能を持つ工人（含む乗馬技術）や知識人の招聘といった移動を中心に考える方が自然だと思います。

【著者紹介】

原　国太郎（はら　くにたろう）

京都大学経済学部卒。米国公認会計士，公認情報システム監査人，公認内部監査人。
大手ビジネスコンサルティング会社にてサプライチェーン構築・ERP導入プロジェクト等に参画後，監査法人トーマツ（現有限責任監査法人トーマツ）に入所。大手商社の業務再構築プロジェクトにおける内部統制コンサルティング，米国SOX法や日本版SOXの対応支援・内部統制監査に携わった後，2007年3月よりデロイト・トウシュ・トーマツ上海事務所で勤務。多数の日本企業中国現地法人における内部管理改善や不正リスク対応等のアドバイザリー，内部監査や内部統制監査の豊富な経験を有する。
主な著書：『事例でわかる中国子会社の部門別リスク管理』（中央経済社），『内部統制で現場の仕事はこう変わる』（ダイヤモンド社），『中美日企業内部統制実務』（復旦大学出版社）。

「攻め」と「守り」で成功する
中国事業の経営管理

2017年2月25日　第1版第1刷発行

著　者　原　国太郎
発行者　山本　継
発行所　㈱中央経済社
発売元　㈱中央経済グループパブリッシング

〒101-0051　東京都千代田区神田神保町1-31-2
電話　03（3293）3371（編集代表）
03（3293）3381（営業代表）
http://www.chuokeizai.co.jp/
印刷／三英印刷㈱
製本／㈱関川製本所

＊頁の「欠落」や「順序違い」などがありましたらお取り替えいたしますので発売元までご送付ください。（送料小社負担）
ISBN978-4-502-21151-5　C3034